# 基于核心经验的幼儿语言入学准备实施策略

徐 臻 ◎ 主编

华东师范大学出版社
·上海·

图书在版编目(CIP)数据

基于核心经验的幼儿语言入学准备实施策略/徐臻主编.—上海:华东师范大学出版社,2021
 ISBN 978-7-5760-2004-5

Ⅰ.①基… Ⅱ.①徐… Ⅲ.①语言教学－教学研究－学前教育 Ⅳ.①G613.2

中国版本图书馆 CIP 数据核字(2021)第 146571 号

# 基于核心经验的幼儿语言入学准备实施策略

主　　编　徐　臻
责任编辑　王　焰(策划组稿)
　　　　　王国红(项目统筹)
特约审读　洪昱珩
责任校对　陈梦雅　时东明
装帧设计　卢晓红
封面图片　徐　臻

出版发行　华东师范大学出版社
社　　址　上海市中山北路 3663 号　邮编 200062
网　　址　www.ecnupress.com.cn
电　　话　021-60821666　行政传真 021-62572105
客服电话　021-62865537　门市(邮购)电话 021-62869887
地　　址　上海市中山北路 3663 号华东师范大学校内先锋路口
网　　店　http://hdsdcbs.tmall.com

印　刷　者　上海景条印刷有限公司
开　　本　787 毫米×1092 毫米　1/16
印　　张　11
字　　数　151 千字
版　　次　2021 年 9 月第 1 版
印　　次　2023 年 12 月第 2 次
书　　号　ISBN 978-7-5760-2004-5
定　　价　78.00 元

出版人　王　焰

(如发现本版图书有印订质量问题,请寄回本社客服中心调换或电话 021-62865537 联系)

# 基于核心经验的幼儿语言入学准备实施策略

主编　徐　臻
编委　王晓莉　史艳梅　陈曦雨
　　　沈　荣　余寿娟　张　戈
　　　胡晓月

# 目 录

**第一章　幼儿园语言入学准备研究现状** / 1
　　一、语言入学准备概述 / 2
　　二、语言入学准备与学前儿童语言发展核心经验 / 9
　　三、语言入学准备：从经验走向行动 / 23

**第二章　幼儿语言入学准备的班级语言环境支持策略研究** / 57
　　一、支持幼儿获得谈话经验的班级环境创设 / 57
　　二、支持幼儿获得讲述经验的班级环境创设 / 59
　　三、支持幼儿获得辩论经验的班级环境创设 / 61
　　四、支持幼儿获得前阅读经验的班级环境创设 / 64
　　五、支持幼儿获得前识字经验的班级环境创设 / 67
　　六、支持幼儿获得前书写经验的班级环境创设 / 71

**第三章　幼儿语言入学准备的组织策略研究** / 76
　　一、促进幼儿谈话经验发展的活动组织策略 / 76
　　二、促进幼儿讲述经验发展的活动组织策略 / 84
　　三、促进幼儿辩论经验发展的活动组织策略 / 89
　　四、促进幼儿前阅读经验发展的活动组织策略 / 93
　　五、促进幼儿前识字经验发展的活动组织策略 / 100
　　六、促进幼儿前书写经验发展的活动组织策略 / 109

**第四章 幼儿语言入学准备的家庭环境支持策略研究** / 116

 一、做好家庭教育指导：树立正确的语言入学准备观念 / 116

 二、结合大活动和主题活动发起亲子谈话，在亲子互动中丰富谈话经验 / 117

 三、开展家庭讨论会：拓宽幼儿辩论经验 / 120

 四、丰富亲子阅读延伸活动：提升亲子阅读互动质量 / 123

 五、结合主题活动发起亲子单的制作：在亲子互动中丰富幼儿前书写经验 / 125

 六、巧用多途径：帮助家长了解并科学开展前识字活动 / 126

 七、亲子各类型语言活动交互开展，促进幼儿语言经验全面提升 / 127

**第五章 幼儿园语言入学准备研究的成效以及未来展望** / 129

 一、幼儿园语言入学准备的成效：语言发展 / 129

 二、幼儿园语言入学准备的成效：语言学习品质视角 / 147

 三、幼儿园语言入学准备的未来：从幼儿园到家庭 / 158

**参考文献** / 163

**附录** / 166

 附录一：小学教师关于语言入学准备观念的访谈提纲 / 166

 附录二：幼儿语言入学准备评价表 / 167

 附录三：小学一年级语文教师对幼儿语言入学准备评价的访谈提纲 / 168

# 第一章
# 幼儿园语言入学准备研究现状

由于涉及教育公平问题,近年来,为学前儿童提供高质量的教育、保障每位儿童做好入学准备,受到越来越多群体的关注。国内外许多研究发现,入学准备水平能够预测儿童正式进入学校后学习、交往和适应等各方面的表现,且家庭、学校和社区等诸多因素都会对儿童能否做好入学准备产生影响。华东师大附属紫竹幼儿园自建园之初,即依据所拥有的高校专业资源、园长专业特长,以及教师的专业特色,将园本特色定位于语言领域,不断利用高校—幼儿园伙伴合作探索指向幼儿发展核心经验的语言教育活动。但是,在几年来的教育实践中我们发现,我园幼儿大多来自紫竹科技园区、华东师范大学以及幼儿园周边地段小区居民家庭,幼儿的家庭语言环境参差不齐,导致幼儿已有的语言经验各不相同。除此之外,我园指向幼儿发展核心经验的语言教育活动虽然以学前儿童语言核心经验发展的一般规律为理论基础,但是在诊断幼儿语言发展的个体差异、开展因材施教等方面效果还存在不足。因此,通过实证研究探讨指向幼儿核心经验发展的幼儿园语言教育活动,从而帮助不同水平的幼儿做好语言入学准备,成为我园面临的重要问题。

在本章中,我们主要回顾了有关语言入学准备的已有研究,并指出语言入学准备与幼儿的语言核心经验发展之间的内在关联,基于此我们建构了可以用于评估语言入学准备水平的、基于幼儿语言发展核心经验的评价指标,初探了我园幼儿入学准备的现状,并为开展发展适宜的语言入学准备行动提供重要的路径指导。

## 一、语言入学准备概述

入学准备是指学前儿童为了能够从即将开始的正规学校教育中受益所需要具备的各种关键特征或基础条件(Gredler,2000)。美国教育部2000年目标工作委员会(NEGP)认为,儿童的入学准备包含身体和运动发展、情绪和社会性发展、学习态度、言语发展、认知发展与一般知识基础等五个领域。在言语发展,即"Language Development"的概念中,包括了口头语言与书面语言两个方面的内容。NEGP还从生态学的角度提出,入学准备生态学理论强调儿童准备的多方面动态发展与配合,而不仅仅看重知识学习。该理论不仅认为入学准备是儿童对学校的适应,而且也包括家庭、社区和学校对入学儿童的适应和所做的准备。刘焱认为,语言入学准备是指学前儿童进入小学时在语言发展方面应达到的水平与状态,体现社会对学前儿童入学前应该获得哪些语言学习经验与能力的期望(2006)。美国2005年颁布的《入学准备法案》中提出,儿童在入学前应获得语言知识和技能以及前阅读知识和技能(US House of Representatives,2005),可见幼儿园语言入学准备是幼儿入学准备的重要组成部分,对儿童发展具有重要的价值。

### (一) 幼儿语言入学准备的重要价值

语言是思维的工具,是认知能力的一种,也是社会交往的工具(周兢、余珍有,2004),对儿童的认知、社会性等其他领域的发展产生重要影响。儿童从幼儿园进入到小学,需要适应新的环境、新的人际关系、新的学习和活动方式,在这个过程中,语言发挥着重要的作用。《幼儿园教育指导纲要(试行)》(2001)中明确指出:"家庭、学前教育机构,以及社区要为儿童创造自由、宽松的语言交往环境,使幼儿养成注意倾听的习惯,幼儿的语言学习具有个别化的特点"。可以说,幼儿语言能力方面的发展作为幼儿入小学前的必备阶段,不仅是我国新一轮基础教育课程改革的迫切要求,同时还直接关系到幼儿从幼儿园顺利过渡到小学的质量,以及幼儿自身的语言能力的健康、可持续发展。

1. 幼儿语言入学准备对幼儿入学后的学业有着重要影响

语言的学习和运用对幼儿的认知发展有着积极的影响,随着儿童语言的发展,语言和认知能力的结合渐趋密切。我国心理学家朱智贤教授认为:儿童言语连贯性的发展,是儿童言语能力和逻辑思维能力发展的重要环节(1993)。心理学家普遍认为:儿童早期语言能力的发展是他们认知发展的重要标志。正因为语言功能的强大,在儿童日后要面临的数学、科学、历史、社会以及语文等学科学习,在学习过程中的阅读能力、理解能力、推理能力和观点采择能力,都需要通过语言转化为可视的表现能力,对儿童日后的学业成绩都有着重要的影响。儿童早期语言能力的积累不仅有利于其幼小衔接的顺利过渡,更是其学业发展的重要准备。儿童语言研究专家Scarborough指出,儿童能否流利阅读主要取决于两个因素,一是文字识别能力,二是语言理解能力(2009)。许多研究都表明,语言能力是儿童学科学习的核心能力。

美国教育部在《国家和地方入学准备评估方法和工具综述》中对经常使用的27种入学准备测查工具进行统计分析发现,24种测查工具都包含了语言测查项目(Brown etc.)。有研究证明,儿童语言入学准备水平与未来学业成就以及学校适应之间存在高度相关,语言入学准备水平较高的儿童学业成绩更好,这一影响甚至持续到小学三年级(Kasttner etc., 2000; Foster & Miller, 2007)。

儿童入学初的言语发展与身体健康与动作技能两个因素共同正向预测儿童的积极社会适应行为(于涛,2014)。这意味着学前期语言发展不良有可能导致其后期产生适应问题。究其原因,"言语发展水平不足的儿童难于重述或转述相对复杂的观点,而这些技能都是学校学习环境的新要求。词语流畅性的局限使相关的思维技能受到限制,有限的词汇量对言语信息的保持有消极影响。这些言语方面的问题增加了他们获取知识的困难"(盖笑松,张向葵,2005)。

2. 幼儿语言入学准备对幼儿的社会性发展有着重要影响

幼儿的语言能力对促进其情感、社会性等方面的发展都具有重要作用。幼儿的语言发展能够提高其社会交往能力、促进幼儿道德的发展。幼儿期儿童的语言能力不断发展,使儿童能以一种全新的方式去认识世界,表达或解释自己的想法和愿望,接受成人的建议与经验并有效地影响他人,控制和调节自己的行为。儿童语言发展达到一定水平,就能够用语言和周围的人进行交流,这种交流有助于儿童更好地理解他人,主动地适应他人的言行,使自己的情感、态度、习惯、行为等与社会规范逐渐靠近。另外,语言能力也是幼儿记录自己思想的工具,可以更好地表达自己、抒发自己。语言入学准备充分的幼儿更能够较快地融入学校环境,适应学校,人际交往上也更容易与老师、同学建立起良好的关系。

综上所述,幼儿语言的发展是幼儿认知发展的重要标志,是幼儿学科学习的核心能力,对幼儿在日后的学校教育中各学科的学习有着至关重要的影响,关系着幼儿的学业成绩。同时,语言的发展也促进着幼儿社会性、道德的发展,是幼儿表达自我、理解他人的重要工具。

### (二) 语言入学准备的评估

目前,幼儿语言入学准备评估的主要方式有标准化的个别测验、成人评价及生态化取向评估三种方式,笔者对目前国内外几种应用较广泛的评估方式做简要的评述。

1. 语言能力测验

根据各种不同的评估理论,研究者们编制了多种儿童语言能力评估工具。

(1) 学前儿童语言发展量表(简称 PLS),1969 年编制,2011 年修订,用于评估出生到7.11岁儿童的语言发展,由听力与理解分量表和表达与交流分量表两个分测验组成,测验内容包括语音、语义、词法和句法。国内已有研究者将其翻译成中文版,调整少量的原有测试项目,更符合中国文化环境,便于儿童理解。但存在语用方面的评估不足,测试所用材料较多,测试人员使用前需要经过反复练习等不足。

(2) 皮博迪图片词汇测验(简称PPVT)。由美国心理学家L. M. 邓恩夫妇于1965年发表,1981年修订,主要通过150张黑白图片测试幼儿对图片和特定词语的匹配和理解,考察儿童的语言理解能力。PPVT具有较高的内部一致性和再测稳定性,施测容易。但由于形式较单一,儿童在测试过程中容易失去兴趣和耐心。另外,测试材料采用平面黑白图画,不同的幼儿对图画的熟悉程度可能不一样,也可能影响测验效果。国内已有研究者(桑标、缪小春,1990)对量表进行了修订,制订出了上海市区试用常模,并作了信度和效度检验。

(3) 表达性词汇测试工具(简称EVT),此工具通过让儿童对图片进行命名,测量2.6岁及以上儿童的词汇知识和单词的搜索提取能力,测试一般可以在20分钟内完成。

2. 综合性测验

儿童语言入学准备是儿童入学准备中的重要组成部分,因此在对儿童入学准备的综合性测验中也基本都包含了对于儿童语言入学准备的测验。

(1) 格塞尔入学准备测试(简称GSRT):适用于4.5—10岁儿童,是由经过专业训练的人来对儿童进行单独访谈,要考察儿童反应的方式和内容。任务包括书写、绘画、视觉和动作的协调,以及儿童的言语表达。是带有临床法特点的定性观测工具,常常被用来诊断儿童的准备情况。

(2) 菲尔普斯幼儿园准备量表(Phelps Kindergarten Readiness Scale),量表包括六个主要领域:语言加工、知觉加工、听觉加工、语言能力、比较和重复的能力以及记忆。

(3) 麦肯锡儿童能力量表(1972)：主要用来测量 2.5—8.5 岁儿童全面发展情况，由 18 个分测验组成，构成言语、知觉-操作、数量、一般认知目标、动作、记忆等领域发展的分量表。

(4) SRTB：国内学者盖笑松等基于 NEGP 的儿童入学准备五领域模型和前期对国内家长、教师的访谈结果来设计测验结构和内容，借鉴国外近年来儿童入学准备的测验形式，适用于 4—7 岁中国儿童入学准备的测评。测验包括运动技能发展、言语发展、学习方式、情绪和社会性、认知和一般知识五个分测验。言语发展分测验由言语理解任务和主试观察组成。言语理解任务包括词汇理解任务和句子理解任务。主试观察有 2 个项目，主要考察儿童在完成测验的过程中发音是否清晰、陈述是否清楚。

(5) 徐聊恩、郑雅方《五岁幼儿就学准备度评量表》(2008)，其中涉及儿童语言准备测验的内容为：口语的分辨性、对符号和字词的辨识性、喜欢阅读与听故事、倾听能力、言语表达、说话态度、模拟写、运笔以及写符号等内容。

(6) 钱志亮、丁攀攀《儿童入学成熟水平诊断量表》(2010)，其中涉及儿童语言准备测验的内容为：言语表达、言语理解、言语表达的流畅性。

(7) 刘焱《儿童入学准备评价(语言)量表》：在广泛征求园长、教师、教研员、专家等不同层次专业人士的意见和多年实践的基础上，制定了此量表。测试共包括七个部分：拍手游戏(旨在测评幼儿的听动转换能力)；找字和补字(旨在测评幼儿的细微差异识别能力)；听故事回答问题(旨在测评幼儿的听觉记忆、听觉理解力)；听指令画图(旨在测评幼儿的听动转换、小肌肉控制能力)；看图讲故事(旨在测评幼儿的阅读理解能力、口语表达能力)；阅读技巧(旨在考察幼儿的阅读技能)。

3. 自编儿童语言入学准备测验

赵辉在《民族地区幼儿语言入学准备的研究》(2015)中自编了《学前儿童语言入学准备测验工具》，测验包括：语言表达测验(词汇表达、句子表达、语篇表达)；语言理解测验(词汇理解、句子理解、语篇理解)；语言认读测验(字的认读、短语的认读);语言书写测验。

**(三) 语言入学准备的影响因素与干预**

目前,NEGP 提出的儿童入学准备生态化模型受到广泛的认可,这一模型提出儿童入学准备包括儿童个体的准备、学校的准备,以及家庭和社区的准备。这意味着包括语言领域在内的儿童各领域入学准备不仅取决于儿童本身的特点,而且受到家庭、社区和学校等因素的影响。

影响儿童入学准备的家庭方面的因素包括三类(于涛,邰宇,盖笑松,2010)。一是养育者特征,如父母身体、心理健康水平、年龄、智力、言语水平、收入、婚姻质量、对儿童学业成熟的期望、对儿童的情感投入等;二是家庭社会经济地位和学习资源,如家庭收入、规模、图书、玩具、音像电子产品和电脑等;三是父母养育实践,如亲子共读、交谈、户外活动、共同解决问题等。社区方面的因素主要为居住环境的条件,如不利条件密集的居住环境意味着儿童学习机会更少,如更少接触优秀的学校和图书馆、更少接触到优秀榜样等。学校方面的因素包括师幼关系、同伴关系、课堂参与、儿童、家长、教师三者之间的有效交流,以及早期教育干预项目的质量等(于涛,邰宇,盖笑松,2010;王声平,2011)。

针对上述的这些影响因素,国外近几十年来开展了不少早期教育项目,从儿童个体、家庭以及文化环境等方面对儿童入学准备进行干预(于涛,邰宇,盖笑松,2010)。针对儿童个体的干预项目如美国的起点计划(Head Start)、佩里学前计划(Perry Preschool Project)、卡罗来纳初学者项目(Carolina Abecedarian Project)、儿童支持服务项目(Children's Support Services)等综合项目,以及专门强调语言和读写技能的字母人课程(Let's Begin with the Letter People)。针对家庭的干预项目如早期起点计划(Early Head Start)、成人计划(Old's Program),以及婴儿健康与发展计划(the Infant Health and Development Program)等。针对文化环境的项目如以大众媒体为平台的美国芝麻街电视节目以及土耳其的"你愿意和我一起游戏吗？"电视教育节目。研究证明这些项目都在不同程度上对儿童的入学准备起到了促进作用。

**（四）语言入学准备的研究问题**

国内外有关学前儿童语言入学准备的研究探讨了语言入学准备的内容、重要性，语言入学准备的评估、影响因素以及干预等问题，但还存在着以下不足。

1. 国内学前儿童语言入学准备研究匮乏

国外对学前儿童入学准备的相关研究开始较早、数量较多、内容广泛，在理论和实践上都发展得比较成熟，但国内该领域的研究则比较匮乏，尚处于介绍国外相关理论与实践、研发本土化评价工具、了解国内儿童入学准备现状的阶段。有关学前儿童语言入学准备的研究则更少，且以反映农村儿童、流动儿童或少数民族儿童等处境不利儿童的语言入学准备水平不足现状为主要聚焦点（杨红，2010；刘焱，2012；邹敏等，2015），对于正常发展儿童的语言入学准备究竟应包含哪些内容，可以采取哪些方法与策略提高等问题未作充分探讨。而从幼儿园教育实践来看，存在着家长和教师对语言入学准备的认识不清、幼儿园语言教育有小学化倾向、家长盲目带孩子提前学习拼音识字等问题，有必要通过科学的实证研究厘清学前儿童语言入学准备的内容与方法，为家庭和幼儿园语言教育实践提供科学依据。

2. 现有学前儿童语言入学准备评估方法对语言发展核心经验关注不足

从学前儿童语言学习与发展的核心经验来看，语言入学准备应该包括口头语言经验、文学语言经验和书面语言经验的准备。而从已开展的国内外研究中评估儿童入学准备的方法来看，主要为综合性智力测试量表中的语言分量表或专门评测语言某方面发展的量表，无法全面系统地考察儿童的语言入学准备水平。如国内盖笑松等人研制的《入学准备综合测评工具(ARTB-CV)》,其中的语言分测验(SRTB-L)主要考察儿童口头语言的语音流畅性和理解,没有关注到儿童书面语言的理解与表达。刘焱等人(2012)编制的《学前一年儿童学习结果测验(语言)》,虽然考察了口头语言与书面语言两个方面,但评估方法多采用心理学实验范式,无法真实反映幼儿语言发展核心经验的水平。因此,有必要以学前儿童语言发展核心经验的框架为参照,评价幼儿语言入学准备水平,并探讨提升幼儿语言入学准备水平的教育实践活动。

3. 国内学前儿童语言入学准备研究重现状轻干预

近几十年来,国外针对儿童个体以及家庭、学校层面开展了不少入学准备干预项目,包括综合的干预项目和专门的语言干预项目,且能通过追踪研究证实项目所取得的效果。而国内的入学准备研究,包括语言入学准备研究则多聚焦于对儿童入学准备现状的考察,或是对不同类型儿童入学准备现状的比较,较少涉及学校层面的语言入学准备教育实践,更缺乏对儿童入小学后适应情况的追踪。从教育的目的出发,对学前儿童语言入学准备的研究除了解现状与问题外,更重要的是寻找到帮助儿童获得更好发展的途径与方法,因而有必要探讨在幼儿园帮助幼儿做好语言入学准备的方法与成效。

## 二、语言入学准备与学前儿童语言发展核心经验

语言入学准备的研究不足,使得我们开始思考:怎样的方式可以更加有效地改善儿童的语言水平,从而为入学做好经验准备呢?在思考的过程中,近年来非常受到瞩目的"学前儿童语言发展核心经验"进入到我们的视野中。

### (一)学前儿童语言发展核心经验的概念

《3—6岁儿童学习与发展指南》中明确3—6岁幼儿语言学习与发展的目标,目标从儿童语言运用的角度,提出了幼儿语言学习和发展过程中

应该形成的基本的语言能力：一是倾听与表达，指向口头语言，包括"认真听并能听懂常用语言""愿意讲话并能清楚地表达""具有文明的语言习惯"三个条块的目标要求；二是阅读与书写准备，指向书面语言，包括"喜欢听故事，看图书""具有初步的阅读理解能力""具有书面表达的愿望和初步的技能"。这两大类型共六条语言学习与发展目标，其实已较清楚全面地指出了幼儿在进入小学前语言学习和发展需具备的经验状态。那如何将语言领域的学习与发展目标与幼儿日常语言活动中的表现和经验水平相关联？如何将其与教师日常开展语言教育工作的实践相关联？这其中就需要语言学习和发展的核心经验作为"桥梁"，从而更系统、更全面地评价幼儿的语言入学经验水平，更好地引领教师开展日常实践，促进幼儿语言入学经验水平的提升。从图1-1中，能更好地看出语言学习和发展的核心经验在语言学习发展的目标与语言入学准备评价和实践之间所起的桥梁作用。

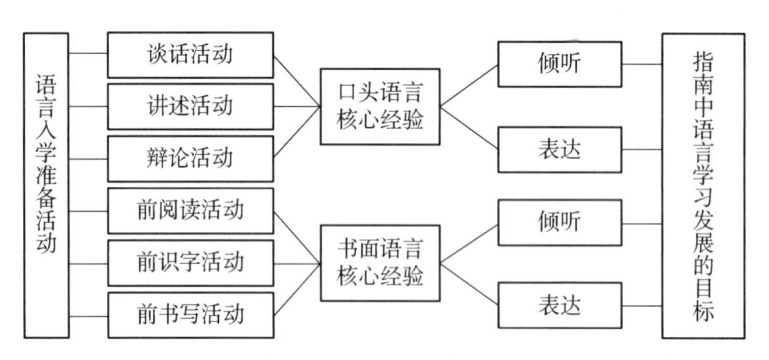

图1-1 指南中语言学习发展的目标与语言入学准备活动的关系图

华东师范大学学前教育系的研究团队在《3—6岁儿童学习与发展指南》出台后的几年中，围绕幼儿发展核心经验发展的理论与实践等问题进行探索，将上述的核心经验进行了更为具体化的框架性建构。这一框架将学前儿童语言学习与发展核心经验分为早期口头语言经验、早期文学经验和早期书面语言经验三大板块。早期口头语言经验包括谈话的经验、辩论的经验、叙事性讲述的经验和说明性讲述的经验；早期文学语言经验包括文学语汇的经验、文学形式的经验、文学想象的经验；早期书面语言经验包括前阅读的经验、前识字的经验和前书写的经验。具体而言，谈话的经验包括使用恰当的语句、注意倾听并轮流对话、掌握交谈结构和采用策略达成交往；辩论的经验包括解释己见、坚持自己的想法、证明自己的观点和运用策略说服对方；叙事性讲述的经验包括使用丰富多样的词句、有条理地组织讲述内容和感知独白语境；说明性讲述的经验包括以独白语言形式讲述、使用规范准确、简洁明了的说明性词句和理解说明性讲述的内容组织方式；文学语汇的经验包括理解、掌握作品中的新词汇和描述人物或事件发展的关键性词汇的含义并尝试在仿编和讲述中运用；文学形式的经验包括感知并获得各种文学作品的形式、理解不同形式作品的结构基本特征、尝试仿编不同形式的文学作品；文学想象的经验包括理解想象文学作品的内容、想象文学作品的意境、尝试通过想象创编文学作品；前阅读的经验包括建立阅读习惯、观察理解图画书内容、感知图画和文字、口头语言与书面语言的关系以及形成阅读策略；前识字的经验包括获得符号和文字功能的意识、发展符号和文字形式的意识以及形成符号和文字规则的意识；前书写的经验包括获得与汉字纸笔互动的体验、建立书写行为习惯、感知理解汉字结构以及进行创意书写表达、与汉字纸笔互动的体验，建立书写行为习惯、感知理解汉字结构以及进行创意书写表达。

  虽然学前儿童语言核心经验框架是从语用活动的形式切入，但其核心经验涵盖了《3—6岁儿童学习与发展指南》中倾听与表达、阅读与书写准备两方面涵盖的所有目标与典型表现。每一板块根据其语言活动的性质，分别梳理出语言发展的核心经验，每一条核心经验的发展又经历初始、稳定、拓展阶段，每一阶段详细梳理出幼儿处于该阶段的典型表现。这种形式更利于从日常语言活动中观察评估幼儿的语言核心经验的发展现状，也更利于在了解现状后，针对性地开展相应的实践活动，从而促进幼儿语言能力的发展。

### (二) 各板块语言入学经验准备评价指标

通过对语言核心经验的梳理,我们分别从六个领域,设计并建构了符合我园特色的幼儿语言入学准备经验评价指标。

1. 幼儿谈话经验准备指标

表 1-1  幼儿谈话经验准备评价指标

| 板块 | 表现 | 维度 | | | 整体描述 |
|---|---|---|---|---|---|
| | | 良好的倾听习惯和能力 | 掌握并运用交流和表达的规则 | 初步运用谈话策略 | |
| 谈话 | 初始阶段 | 能在较短时间内安静地倾听他人谈话□<br>能听懂对方的语言,跟随对方谈话内容的变化而转移注意力□<br>在教师的提示下不插话或不抢话□ | 在教师的提示下认真倾听他人发言□<br>能大方、清晰地回答他人的问题□<br>在成人的提示下会使用礼貌用语□<br>知道发言的时候要示意□ | 随机或偶尔参与到他人的谈话□<br>会借助动作、表情、图画等方式来辅助自己的表达□<br>谈话过程中主题不稳定,常常更换主题□ | |
| | 稳定阶段 | 初步自主地集中注意力倾听他人谈话□<br>在谈话中做出目光、表情、口头语言上的回应□<br>能根据声音、语气、语调辨别不同的谈话对象□ | 能初步遵守谈话规则,发言会通过举手、请求的方式示意,能遵守轮流发言的规则□<br>会主动地与熟悉的人发起谈话□<br>能主动参与到他人的谈话中去□<br>能根据对象和情景的不同初步调整自己的话语声音的大小和语气□ | 主动通过观察、表达自己意见等方式参与到他人的谈话□<br>通过提问、提议等方式主动发起谈话□<br>有意识地运用动作、姿势、表情等方式辅助表达□<br>谈话过程中具有多个稳定的谈话主题,谈话内容主要围绕幼儿自身态度、经验等方面展开□ | |

续 表

| 板块 | 表现 | 维度 | | | 整体描述 |
|---|---|---|---|---|---|
| | | 良好的倾听习惯和能力 | 掌握并运用交流和表达的规则 | 初步运用谈话策略 | |
| 拓展阶段 | | 能充分理解他人意思,初步听懂话语中隐含的意思□<br>关注谈话对象所提到的细节□<br>会对他人谈话的内容表达自己的认同与否□<br>对他人的谈话进行评论和提问□ | 在交谈过程中能主动使用礼貌用语□<br>能初步根据谈话场合、对象的不同,运用不同的语气、语速甚至词汇帮助对方理解□ | 会与陌生人主动发起谈话□<br>谈话过程中初步采用解释、补充等方式对自己的表达方式进行修补□<br>会通过观察对方的理解程度,采用追问、重复、回忆以往经验的方式帮助他人理解□<br>能够根据指定主题谈话□ | |
| | 评价 | 初始□ 稳定□<br>拓展□ | 初始□ 稳定□<br>拓展□ | 初始□ 稳定□<br>拓展□ | 初始□ 稳定□<br>拓展□ |

本课题组在对幼儿进行谈话发展水平测试的时候,选择与他们兴趣和生活经验最贴近的话题,比如"好朋友",并且设置相关问题:你有自己的好朋友吗?你为什么和他成为好朋友?你有什么方法帮助我交到更多的好朋友?如果你跟好朋友发生冲突了怎么办?通过幼儿在谈话过程中表现出的倾听习惯和能力,交流表达的规则以及谈话策略,结合《幼儿谈话经验准备指标》勾选对应的典型表现,判定幼儿在谈话三条核心经验上的发展阶段,再结合幼儿的整体表现作出最终评价。

例如:谈话过程中,在问其他小朋友问题的时候,顺顺能认真倾听;在其他小朋友发言的时候,目光会随着发言者的变化去移动;在其他小朋友说到她认为好笑的内容时,还会捂住嘴大笑;能在课题组成员变换语气问问题的时候,做出相应的表情回应。从这一段观察描述中可以看出顺顺能够达到"良好倾听习惯和能力"这一指标下的稳定阶段——初步自主地集中注意力倾听他人谈话,在谈话中做出目光、表情、口头语言上的回应,能根据声音、语气、语调辨别不同的谈话对象等。

2. 幼儿讲述经验准备指标

表1-2 幼儿讲述经验准备评价指标

| 板块 | 表现 | 维度 | | | 整体描述 |
|---|---|---|---|---|---|
| | | 根据不同的讲述类型使用适宜的词句 | 理解不同讲述类型的内容组织方式 | 以独白语言的形式进行讲述 | |
| 讲述 | 初始阶段 | 在讲述事物时,能使用事物的规范名称,而非使用口语化、不规范的名称□<br>在讲述事件时,能使用相关的人、事、物名称□ | 在讲述事物时,能够讲述直观的事物特征,如某事物的外形特征□<br>在讲述事件时,基本能围绕主题讲述□<br>讲述1或2个情节□ | 知道讲述与谈话是不一样的□<br>愿意在熟悉的人面前独立讲述□ | |
| | 稳定阶段 | 能够用恰当的词汇讲述直观的事物特征或现象□<br>描述事件或情节□<br>使用常见的不同句式或连接词□ | 围绕对象或主题进行讲述□<br>讲述的顺序根据讲述对象和内容的不同而有所差异□<br>根据讲述对象和内容的不同,能恰当的使用常见连接词□ | 在有凭借物的情况下,能够在集体面前独立讲述,简单构思□<br>必要时,运用简单的表情、动作辅助讲述□ | |
| | 拓展阶段 | 能够根据讲述对象和内容的不同,准确运用适宜的词汇进行讲述□<br>能够感知说明性语言、叙事性语言与日常用语的差别□<br>能够体会、理解不同讲述类型语句特点□ | 在讲述事物时,能够根据讲述要求或讲述对象的特点分主次讲述□<br>能做到主要的内容多讲□<br>次要的内容略讲□<br>在讲述事件时,讲述清楚2个以上情节及其关系□<br>会使用连接词表明情节关系□<br>讲述中有详细描述的重点情节□ | 在有凭借物的情况下,能够独立构思讲述内容,并在集体面前讲述□<br>大胆在集体面前讲述□<br>在讲述故事、事件时,运用较丰富的表情、动作□<br>会表达一些观点□<br>或评价□ | |
| | 评价 | 初始□ 稳定□ 拓展□ | 初始□ 稳定□ 拓展□ | 初始□ 稳定□ 拓展□ | 初始□ 稳定□ 拓展□ |

本课题组借助苹果图例(图例选自汉语儿童学业语言测试工具CALA)和无字图画书(出自4—9岁儿童语言信息的语言评估工具ENNI中B2系列)为凭借物来评估幼儿的讲述能力,通过观察和记录幼儿借助两种凭借物讲述的情况,结合《幼儿讲述核心经验发展水平评估表》,判定幼儿在讲述核心经验的三个维度上的发展现状,再结合幼儿的整体表现做出整体评价。

例如,在借助苹果图例进行说明性讲述的时候,幼儿说道:"苹果是圆形的,红色的。苹果里面有核,中间肉色的是果肉,外面有一层苹果皮。"可以从这一段实录中看出,幼儿能够讲述苹果直观的外形特征,形状和颜色。还说到了一些规范的名词,如"核""果肉",说明幼儿能够使用规范准确地说明性词句。除此之外,幼儿按照从里到外的顺序讲述苹果的结构。并且在整个讲述过程中,幼儿能独立构思讲述内容,能够做到以独白语言的形式进行讲述。综合判断,幼儿的讲述水平至少到达稳定阶段。

3. 幼儿辩论经验准备指标

表1-3 幼儿辩论经验准备评价指标

| 板块 | 表现 | 维度 | | | 整体描述 |
|---|---|---|---|---|---|
| | | 解释并坚持自己观点的经验 | 运用恰当方法进行辩论的经验 | 理解和尊重别人观点的经验 | |
| 辩论 | 初始阶段 | 对来源于生活的话题有自己明确的观点□<br>用比较清楚的方式表达自己的观点□ | 尝试着用个别方法解释自己的观点□<br>尝试着用个别方法反驳别人的观点□ | 认真倾听别人的发言□<br>知道别人的观点和自己的观点不一样□ | |
| | 稳定阶段 | 有坚持自己的观点的态度倾向□<br>尝试找出不同的理由来解释证明自己的观点□ | 开始有意识地运用"陈述""假设""举例"等辩论方法 | 交流时不随意地插话、抢话□<br>仔细地倾听并明白别人的观点□ | |

续 表

| 板块 | 表现 | 维度 |  |  | 整体描述 |
|---|---|---|---|---|---|
|  |  | 解释并坚持自己观点的经验 | 运用恰当方法进行辩论的经验 | 理解和尊重别人观点的经验 |  |
| 拓展阶段 |  | 在有质疑、有反驳的情况下，多角度地坚持自己的观点□<br>针对不同的观点进行反驳□ | 能熟练地运用和积累各种辩论方法，产生敏锐辩说的效果□<br>理解主角的心理状态，如情绪、想法□ | 尊重别人的不同观点□<br>学习按照一定的规则进行辩论□<br>说话语气不蛮横，使用文明用语发表不同意见□ |  |
|  | 评价 | 初始□ 稳定□<br>拓展□ | 初始□ 稳定□<br>拓展□ | 初始□ 稳定□<br>拓展□ | 初始□ 稳定□<br>拓展□ |

本课题组请幼儿自主辩论某一话题，如"晴天好还是雨天好""大人好还是小孩好"，观察幼儿在辩论过程中表现出的辩论经验和遵守辩论规则的情况，解释并坚持自己观点的经验，以及辩论的方法策略，结合《幼儿辩论核心经验发展水平评估表》，判定幼儿在辩论核心经验三个维度上的发展现状，再结合幼儿的整体表现做出整体评价。

例如：在话题"大人好还是小孩好"的辩论过程中，幼儿A的观点为"小孩好，因为小孩可以玩，也可以学习很多本领"，幼儿B支持的观点为"大人好，大人可以玩的东西更多，而且大人的本领更多，学得更快"。从这段观察描述中可以看到幼儿A和B都能解释并坚持自己的观点，幼儿A达到这一指标下的稳定阶段，幼儿B更是能针对不同的观点进行反驳，达到拓展阶段；同时两位幼儿在论证观点的过程中都采用了"陈述""举例"等辩论方法，均达到这一指标下的稳定阶段，在论辩过程中也认真倾听并尊重别人的观点，不随意插话、抢话，说话语气平和，使用文明用语发表不同意见。

4. 幼儿前阅读经验准备指标

表1-4 幼儿前阅读经验准备评价指标

| 板块 | 表现 | 维度 | | | 整体描述 |
|---|---|---|---|---|---|
| | | 良好阅读习惯和行为的养成 | 阅读内容的理解和阅读策略的形成 | 阅读内容的表达与评判 | |
| 前阅读 | 初始阶段 | 知道如何拿书,掌握基本的翻书规则□<br>愿意与成人一起阅读□<br>在空余时间会自主选择翻阅图书□<br>不撕书,不乱扔书□ | 通过阅读封面,了解书中主角,初步感知动作和表情□<br>通过阅读封面,猜测主要人物,简单猜想故事情节□<br>阅读过程中,能指认页面上的物体或简单描述单个画面上的故事情节□ | 在提示下作出和主角相应的动作、表情□<br>能用口头语言叙述图画书内容,但描述情节性和逻辑性不强□<br>在提示下会在生活情境中想起书中主角的行为,并进行简单描述□<br>阅读后,会表达是否喜欢所读的图画书□ | |
| | 稳定阶段 | 知道书名,能指出故事的开始和结束页面□<br>能熟练地按照阅读规则翻阅,能迅速找到成人提到的页面,或阅读时会指着图画书中的物体□<br>经常翻阅喜欢或与成人共读过的图画书,并能专注阅读□<br>在成人的提示下根据封面或标记整理图画书□ | 主动观察主角或主要人物的动作、行动路径和方向□,知道主角在干什么□<br>能描述单个画面上较为丰富的情节□,并能串联前后画面的故事情节□<br>较准确地理解书中的关键词□<br>在提示下猜想后面的情节□,并在提示下,会观察主角的动作、表情、姿态、来验证文字信息或猜想□ | 对主角产生相应的情绪,表现出移情性的反应□<br>能较为连贯地叙述所阅读图画书的主要情节,叙述中较多使用书中的语句□<br>会在阅读之后做出与书中人物相似的行为□<br>结合生活经验和兴趣,用图画、图文等方式仿编、续编情节□<br>阅读后,表达是否喜欢所读的图画书,并初步说明原因□,还会表达对主要人物的理解、喜好□ | |

续 表

| 板块 | 表现 | 维度 | | | 整体描述 |
|---|---|---|---|---|---|
| | | 良好阅读习惯和行为的养成 | 阅读内容的理解和阅读策略的形成 | 阅读内容的表达与评判 | |
| 拓展阶段 | | 熟悉图画书的结构,了解环衬、扉页的作用□ 能熟练地跟随成人的朗读翻阅,认真观察画面和文字信息□ 喜欢阅读不同类型、题材的图画书,有每天阅读的习惯,并能较长时间专注地阅读□ 有初步的独立阅读能力,愿意与人分享图画书□ | 细致观察主角或主要人物的状态,如动作、表情、姿态□,理解主角的心理状态□ 有意识地观察细节,并能将细节和主要情节联系起来□ 感知画面布局、构图、视角、笔触、色彩等,进一步理解图画书内容□ 阅读过程中,能根据图书结构做出合理预期□ | 准确解释主角的行为、状态的原因□ 较为完整、清晰地使用书中的词语、语句叙述图画书内容□ 阅读后,会对书中人物的特征进行评价,并说出自己的理由□ 会初步思考图画书的主旨和含义,表现出对作者的认同或质疑,并说明理由□ | |
| | 评价 | 初始□ 稳定□ 拓展□ | 初始□ 稳定□ 拓展□ | 初始□ 稳定□ 拓展□ | 初始□ 稳定□ 拓展□ |

本课题组请幼儿自主阅读某一本绘本(此绘本幼儿在家在园均未曾阅读过),观察幼儿在自主阅读过程中表现出的阅读习惯和阅读策略的情况,通过对话交流了解幼儿阅读理解能力,以及对内容表达批判的能力,结合《幼儿前阅读经验准备指标》勾选对应的典型表现,判定幼儿在前阅读发展三个维度上的发展现状,再结合幼儿的整体表现做出整体评价。

例如:皓皓拿起绘本《鱼就是鱼》看了看封面上的鱼,说道:"这是鱼哎,长翅膀了!",接着他翻开书,一页一页地观察画面信息,每一页停留3—5秒后继续翻至下一页。从这段观察描述中可以看出皓皓能够达到"良好的阅读习惯和行为"这一指标下的初始阶段——知道如何拿书,掌握基本的翻书规则,愿意与成人一起阅读,在空余时间会自主选择翻阅图书,不撕书,不乱扔书等。

5. 幼儿前识字经验准备指标

表1-5 幼儿前识字经验准备评价指标

| 板块 | 表现 | 维度 | | | 整体描述 |
|---|---|---|---|---|---|
| | | 获得符号和文字功能的意识 | 发展符号和文字形式的意识 | 形成符号和文字规则的经验 | |
| 前识字 | 初始阶段 | 在生活中关注常见的符号□<br>意识到特定地方的符号具有意义□<br>阅读图画书时关注书面标题□ | 能将文字与线描画、图画等区分开来□<br>根据文字的大小来判断文字所表征的事物□ | 知道文字之间有间隔，会点数汉字□<br>能读出自己名字中的文字，并能初步辨认周围环境中的符号和文字□ | |
| | 稳定阶段 | 知道成人读图画书时读的是文字□<br>知道图画书中的文字能表达图画的意思□<br>知道不同地方的标识表达的是不同的意义□ | 知道符合汉字形式的字才是成人可以阅读的字□<br>开始能找到不同汉字中的一些相同部件□<br>发现象形字的象形特征□ | 假装阅读文字时，表现出从左到右，从上到下的阅读方式□<br>开始能根据成人的朗读点指所看到的文字□<br>根据情境线索、图画书画面猜测文字的意义□ | |
| | 拓展阶段 | 在生活中看到特定的符号和文字时，会问成人该符号或文字表示什么意义□<br>在阅读图画书时，会假装阅读文字来朗读图画书内容□<br>在环境布置、区域活动、绘画活动中会有意识地用符号或文字来进行标记□ | 在图画书中经常关注到文字□<br>关注到同一个汉字有多种表现形式□<br>在游戏中开始按照汉字正字法规则摆放汉字部件□ | 开始关注汉字的部件，能找出不同汉字之间的相同部件□<br>在生活和阅读中积极再认已习得的文字□<br>通过一定的情境线索来猜测字词的含义□ | |
| | 评价 | 初始□ 稳定□ 拓展□ | 初始□ 稳定□ 拓展□ | 初始□ 稳定□ 拓展□ | 初始□ 稳定□ 拓展□ |

在幼儿前识字水平的测评过程中,本课题组参考了张莉等学者在研究幼儿前识字水平使用的测量工具,选取在日常教育教学中较难观察到的经验点,比如"开始能找到不同汉字中的一些相同部件""能指出一个汉字中有几个部件"以及"在游戏中按照汉字正字法规则摆放汉字部件",根据这些经验点,课题组设计了相应的测评方法,并结合幼儿在前识字方面的日常表现来判定幼儿前识字的经验水平。例如,测评中会呈现几组如图1-2的汉字,让幼儿尝试圈出其中相同的汉字部件。

| 花 | 草 |
|---|---|
| 蓝 | 英 |

图1-2 测量工具——汉字

或者呈现一组如图1-3的汉字,请幼儿将其中的"木"字旁圈出来,如果幼儿能够圈出一组汉字中相同的部件,或者找出汉字中的某一个部件,那就可以判定该幼儿在"符号和文字形式的意识"这条核心经验上至少达到稳定阶段的水平。

**树 你 布 龙 橙 柏**

图1-3 测量工具——汉字

6. 幼儿前书写经验准备指标

本课题组观察幼儿日常生活中开展的前书写活动,通过观察幼儿书写情况及与幼儿之间的互动分享,了解幼儿在日常生活中表现出的书写行为习惯、感知理解汉字结构和创意书写表达的经验,结合《幼儿前书写经验准备指标》,勾选对应的典型表现,判定幼儿在前识字经验的三个维度上的发展现状,再结合幼儿整体表现作出综合评价。

例如:淘淘在植物角用前书写的方式记录自己观察植物后的疑问:"猪笼草会吃小虫子吗?",在观察淘淘的记录过程及分析淘淘的记录内容后,能发现淘淘在记录纸上画了一只"小猪"和"小草"表示"猪笼草",画了

表1-6 幼儿前书写经验准备评价指标

| 板块 | 表现 | 维度 |  |  | 整体描述 |
|---|---|---|---|---|---|
|  |  | 建立书写行为习惯的经验 | 感知理解汉字结构的经验 | 学习创意书写表达的经验 |  |
| 前书写 | 初始阶段 | 随意的涂鸦□<br>用随意的线条"假装"书写□ | 能够发现方块字的特点□<br>能将方块字与图画、相似的图形符号区分开□ | 模仿成人的书写，并能说出含义□<br>借助画图表达想法□ |  |
|  | 稳定阶段 | 在提醒下，写写画画时姿势正确□<br>用纸笔进行涂鸦、涂鸦内容包括符号、图形□<br>能"书写"一些有意义的简单符号或文字□ | 发现汉字"一字一音"的特点□<br>能辨别某个独立的字和一个字中的若干各部件是不同的□<br>察觉到汉字具有"声旁"特点□ | 使用图画、符号、文字等多种形式，创意地表达比较复杂的意思□<br>能用简单的文字代替□ |  |
|  | 拓展阶段 | 意识到"熟悉"、"似曾相识"的汉字字形□<br>了解一些汉字的读音和意思，并将之对应起来□ | 理解汉字之间的间隔□<br>书写时能逐步统一字的大小□<br>有意识地将比较简单的汉字和复杂的汉字写的差不多大□ | 出现利用汉字"同音""形似"等特点进行书写□<br>表达更复杂的内容□ |  |
|  | 评价 | 初始□ 稳定□ 拓展□ | 初始□ 稳定□ 拓展□ | 初始□ 稳定□ 拓展□ | 初始□ 稳定□ 拓展□ |

一张"嘴巴"和一只"小虫"表示"吃小虫"，还"写"了一个"问号"，从这个记录内容可以看出，淘淘能通过简单的图画和符号表示自己想要表达的内容，其前书写"建立书写行为习惯"经验处于稳定阶段，但淘淘的记录还尚未出现"一字一音"的形式，对文字的部件也未有明显的感知，因此在"感知汉字结构"经验上处于初始阶段；淘淘的记录大部分内容都通过图画表示，尚无更多多元的表征形式，因此"学习创意表达的经验"也处于初始阶段。综上，经研究者综合判定，淘淘的前书写经验水平处于初始

阶段。

### (三) 幼儿语言入学准备观察与评分准则

为了保证观察者间评价标准的一致性，保证研究的信效度，在制定好语言入学准备的六大板块评价指标后，研究团队展开了细致的讨论，形成了统一的观察与评分准则。

1. 根据评价板块和对象，制定适宜的测试方案

根据评价板块的活动类型和特性，根据研究对象，在评估前研究者需制定适应、公平的测试方案。其中适应性体现在评估内容或活动符合幼儿的年龄特点和经验水平，过程尽量采取游戏性、互动性等适合幼儿的表现性评价的方式，比如谈话经验水平的评估需要选择幼儿感兴趣并有一定的生活经验的话题，让孩子真实地去说一说，谈一谈。公平性则体现在评估的内容和方法对所有研究对象是一致的，比如在评估幼儿前阅读水平的活动中，研究者选取的绘本书籍应该是所有幼儿都没有阅读过的，给予孩子阅读的时间，以及研究者过程中的引导问题应该是保持一致的。

2. 根据评价指标，对幼儿进行过程性评价

在选择了合适、公平的测试内容后，教师应在评估过程中尝试全面、细致地观察记录幼儿在测评过程中的自然表现，并根据实际情况在评价标准中客观勾选对应的表现行为，对幼儿进行过程性评价。

3. 根据核心经验的发展现状，综合判断总体发展阶段

在测评结束后，根据幼儿的过程性表现，先确定每一条核心经验下幼儿的发展情况。在同一条核心经验下，幼儿80%的典型行为处于某一阶段，则判定幼儿这条核心经验的发展处于该发展阶段。如在谈话活动中，观察发现在"良好的倾听习惯和能力"这条核心经验中，幼儿80%的典型行为处于稳定阶段，则认定该幼儿在谈话活动的这条核心经验中处于稳定阶段。

在确定了每一条核心经验的发展阶段后,根据三条核心经验的发展阶段情况,再综合判断该幼儿在该语言领域经验发展的总体水平。三条核心经验中有两条或两条以上都处于某一阶段,则认定该幼儿总体发展情况都处于该阶段。如在谈话活动中,幼儿"良好的倾听习惯和能力"和"掌握并运用交流和表达的规则"两条核心经验发展处于稳定阶段,"初步运用谈话策略"处于初始阶段,则综合判断幼儿的谈话经验发展处于稳定阶段。

同时,有可能在评估过程中幼儿三条核心经验的发展特别不均衡,如一条处于初始阶段,一条处于稳定阶段,一条处于拓展阶段,这种情况综合考量,可判定幼儿总体发展处于稳定阶段,但可对该特殊情况的幼儿进行进一步地观察分析,研究其发展不均衡背后可能存在的原因。

### 三、语言入学准备:从经验走向行动

理论框架的搭建,评价指标的建构,都为我们进一步开展行动提供了重要的动力。那么,上述框架和指标对于我们的行动来说,具有怎样的价值呢?为了进一步探讨这一问题,我们采用上述指标对于我园幼儿的语言发展现状进行了探索,而为了进一步了解进入小学阶段儿童的语言发展问题,我们又对小学教师进行了访谈。

#### (一) 在园幼儿语言核心经验发展的现状研究

为了更全面地了解在园幼儿语言发展和进行语言入学准备的情况,为开展语言入学准备实践提供方向和指导,本课题组在语言入学准备活动实践开始前,对在园幼儿语言核心经验的发展现状进行了研究(以下简称"研究一")。第一轮经验发展评估涉及口头语言中的谈话、讲述,书面语言中的前阅读、前书写四个方面,评估标准使用"研究一"中的幼儿语言入学准备评价指标。评估后本课题组对测评结果进行了梳理,发现在园幼儿谈话、讲述、前阅读、前书写方面语言核心经验的发展存在以下现状

特征：

1. 具有良好的倾听习惯和能力，能初步遵守交流和表达的规则，但有意倾听的意识和围绕话题深入交流的能力有待提升

表1-7 中班幼儿期初谈话经验情况表

| 表现阶段 | 人次 | 百分比 |
| --- | --- | --- |
| 无相关经验 | 0 | 0% |
| 初始阶段 | 22 | 44% |
| 稳定阶段 | 28 | 56% |
| 拓展阶段 | 0 | 0% |
| 总计 | 50 | 100% |

通过数据统计及分析，本课题组发现在中班初期，幼儿在谈话方面已具有一定的经验，其中约44%的幼儿处于谈话水平发展的初始阶段，其典型表现为他们在谈话中很乐于与人交谈，大部分幼儿能初步自主地集中注意力倾听同伴或老师的谈话，并能给予一定回应，比如说在围绕"好朋

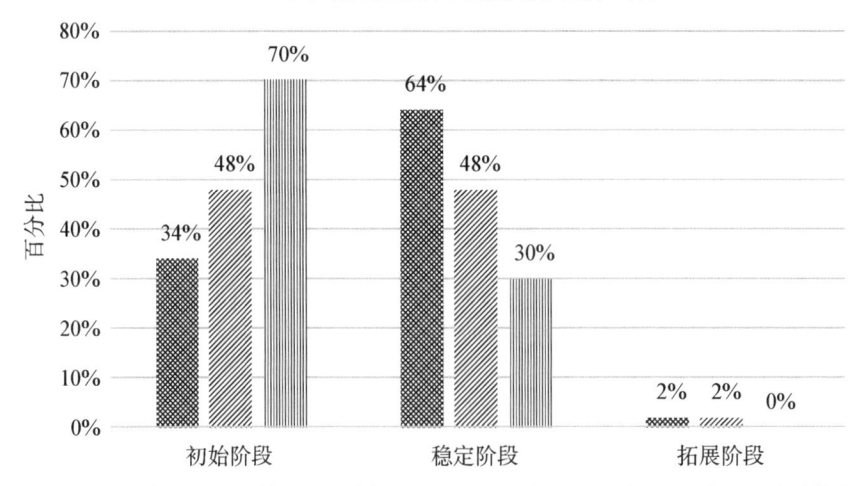

图1-4 中班幼儿谈话核心经验发展现状对比

友"的主题进行谈话时,有幼儿提到了班级里的好朋友,恰巧有人与之有共同好友,便会立刻投来认可的目光和开心的表情,并且回应道:"我也喜欢和他做好朋友!";当有幼儿解释到因为同在一个活动小组,所以与某位幼儿成了好朋友,恰巧也有幼儿与其原因相同,便会点头示意,表示共鸣。其余约56%的幼儿处于稳定阶段,其典型表现为在谈话过程中能够初步遵守谈话规则,发言会通过举手、请求的方式先示意,也能够在教师的提醒下,遵守轮流发言的规则,主动与同伴发起谈话,并能参与到他人的谈话中去。没有幼儿处于拓展阶段。

幼儿谈话的核心经验可分为三个范畴:良好的倾听习惯和能力;掌握并运用交流和表达的规则;初步运用谈话策略。由上图可知,谈话活动方面的三条核心经验中,在"良好的倾听习惯和能力"方面,幼儿表现相对较好,50名幼儿中,32名(64%)幼儿处于稳定阶段,17名(34%)幼儿处于初始阶段,有1名幼儿在倾听习惯和能力方面表现突出,达到拓展阶段。在"掌握并运用交流和表达的规则"方面,约24名(48%)幼儿发展处于稳定阶段,24名幼儿(48%)处于初始阶段,1名幼儿(2%)达到拓展阶段。在"初步运用谈话策略"方面,35名(70%)幼儿处于初始阶段,15名(30%)幼儿发展达到稳定阶段,没有幼儿达到拓展阶段。

总体而言,大部分幼儿已经形成相对稳定的倾听习惯,但本课题组在观察过程中也发现,幼儿表达的愿望强烈,最开始确实能够较专注地进行倾听,随着交谈时间或是互动从一对一,变成一对多或者更多,幼儿的倾听意识就有所下降,插话、抢话的现象大幅上升,谈话主题也容易受到其他语言信息的干扰而偏离。此外,幼儿对交流和表达规则的掌握,对谈话策略的运用也缺少拓展经验的提升。

2. 幼儿能按照一定顺序讲述事件或事物,但讲述内容不够完整,语言组织的逻辑性、连贯性、完整性欠佳

有别于谈话,讲述是一种独白语言,对幼儿来说,讲述是幼儿获取知识的工具,幼儿通过讲述来组织和表达对世界的认知。从内容的角度来

说,讲述可以分为叙事性讲述和说明性讲述。叙事性讲述往往是以故事、事件或经历为讲述内容,而说明性讲述往往以描述某一事物的特征、用途或操作过程等为讲述内容,两种讲述形式均对幼儿的语言发展、后期的学业能力有着重要的作用。

(1) 叙事性讲述

评估结果表明,叙事性讲述作为一种口语叙述能力,幼儿普遍初步具备,基本能够用口头语言把人物的经历,行为或事情发生、发展、变化讲述出来,说出人物、地点、事件和事件发生的原因及时间发生的前后顺序,已经有了基本的叙事性讲述的意识和基础。评估显示,有34名幼儿处于叙事性讲述水平与发展的初始阶段,占评估总人数的68%,有13名幼儿处于叙事性讲述水平与发展的稳定阶段,占评估总人数的26%,有3名幼儿处于叙事性讲述水平与发展的拓展阶段。

表1-8 中班幼儿期初叙事性讲述情况表

| 表现阶段 | 人次 | 百分比 |
| --- | --- | --- |
| 无相关经验 | 0 | 0% |
| 初始阶段 | 34 | 68% |
| 稳定阶段 | 13 | 26% |
| 拓展阶段 | 3 | 6% |
| 总计 | 50 | 100% |

在评估过程中课题组也发现,幼儿在叙事性讲述中,以使用名词、动词为主,例如在观察画面"小猪与小兔去野餐",幼儿会用"拿、吃、铺、顶、胀"等动词描述人与物之间的简单动态关系;部分幼儿已经达到"使用丰富多样词句进行讲述"这一核心经验的稳定阶段,比如幼儿会使用形象的词语和表述使讲述的内容更为生动,从而吸引听众的注意,如"肚皮胀得像个大西瓜"、"美味的"食物、"开心地"笑起来、"不知不觉"已经吃完了、"伤心地"哭起来、"狼吞虎咽地"吃起来等。在讲述中,幼儿普遍能够使用

不同的句式对画面进行讲述，常见的是陈述句、疑问句，模仿人物间的对话片段也较多。此外，所有幼儿都能够围绕教师提供的讲述工具材料进行讲述，不说与主题无关的事，且部分幼儿能够围绕主题讲述两到三个情节，比如"小猪与小兔带了很多美味食物去野餐""小兔吃了太多东西肚子不舒服，是小猪请来了医生帮助治疗"等。

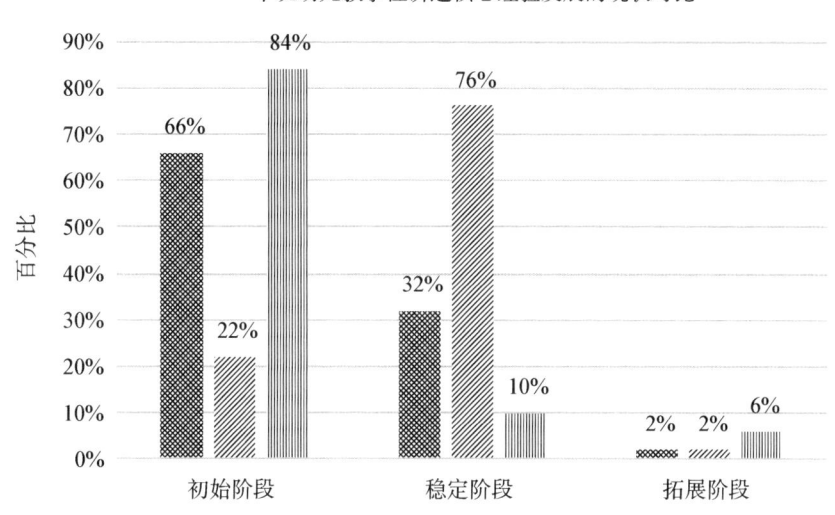

中班幼儿叙事性讲述核心经验发展的现状对比

| 核心经验 | 初始阶段 | 稳定阶段 | 拓展阶段 |
|---|---|---|---|
| 根据不同的讲述类型使用适宜的词句 | 66% | 32% | 2% |
| 理解不同讲述类型的内容组织方式 | 22% | 76% | 2% |
| 以独白语言的形式进行讲述 | 84% | 10% | 6% |

图 1-5　中班幼儿叙事性讲述核心经验发展现状对比

幼儿讲述的核心经验可我们归纳为三个范畴：根据不同的讲述类型使用适宜的词句、理解不同讲述类型的内容组织方式、以独白语言的形式进行讲述。由上图可知，讲述的三条核心经验中，幼儿在进行叙事性讲述时，在"根据不同的讲述类型使用适宜的词句"方面，50 名幼儿中，33 名（66%）幼儿处于初始阶段，16 名（32%）幼儿处于稳定阶段，有 1 名幼儿在使用词句方面表现突出，达到拓展阶段，能使用较为生动形象的词句描述细节。在"理解不同讲述类型的内容组织方式"方面，约 38 名（76%）幼儿发展处于稳定阶段,能够围绕主题进行讲述;11 名(22%)幼儿处于稳定阶段,除了围绕主题讲述简单情节外,能够使用常见的连接词;1 名幼儿达到拓展阶段。在"以独白语言的形式进行讲述"方面,42 名(84%)幼儿处于初始阶段,其余 5 名(10%)幼儿发展达到稳定阶段,3 名幼儿达到拓展阶段,会使用一些表情和动作辅助自己的讲述。

可以看出,幼儿在叙事性讲述中能够明确知道讲述与谈话不同,是一种学习和运用比较正式的语言的场合,能够先进行简单的构思再说出一段有不同程度完整性的故事来。但是课题组也发现,幼儿在进行叙事性讲述时,肢体语言较匮乏,如表情、手势等;构思的完整性、语言的连贯性和生动性、形象性还不够。

(2) 说明性讲述

表 1-9 中班幼儿期初说明性讲述情况表表达经验准备现状

| 表现阶段 | 人次 | 百分比 |
| --- | --- | --- |
| 无相关经验 | 0 | 0% |
| 初始阶段 | 37 | 74% |
| 稳定阶段 | 13 | 26% |
| 拓展阶段 | 0 | 0% |
| 总计 | 50 | 100% |

评估结果表明,虽然说明性讲述在幼儿的日常生活中使用的频率相对较少,有别于其他口头语言,而部分中班幼儿则已体现出对说明性语言的敏感性,能够感受到说明性独白语言与日常谈话的差别,也有初步的说明性讲述的语言能力,基本能够使用较规范的语汇较直观地讲述事物的特征,已经有了基本的说明性讲述的意识和基础。评估显示,有 37 名幼儿处于说明性讲述水平与发展的初始阶段,占评估总人数的 74%,有 13 名幼儿处于说明性讲述水平与发展的稳定阶段,占评估总人数的 26%。

通过图表可以看出,在幼儿讲述的核心经验的三个范畴中:幼儿在进

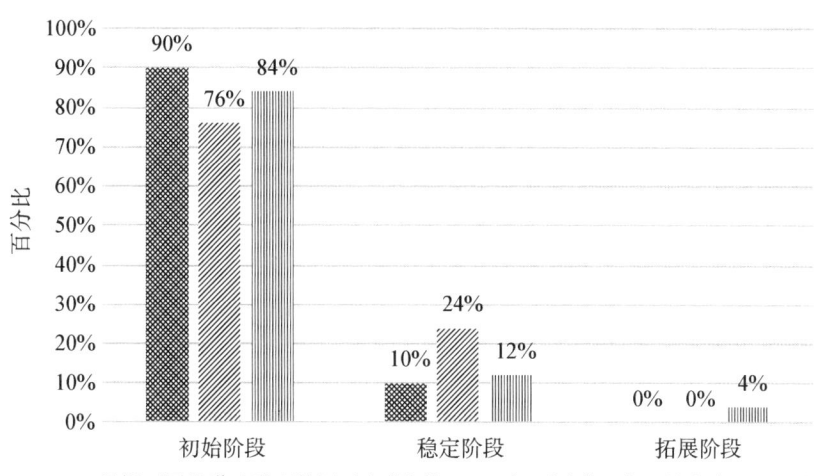

中班幼儿说明性讲述核心经验发展现状对比

■ 根据不同的讲述类型使用适宜的词句　▨ 理解不同讲述类型的内容组织方式
▥ 以独白的形式进行讲述

**图 1-6　中班幼儿说明性讲述核心经验发展现状对比**

行说明性讲述时,在"根据不同的讲述类型使用适宜的词句"方面,50 名幼儿中,45 名(90%)幼儿处于初始阶段,5 名(10%)幼儿处于稳定阶段,没有幼儿达到拓展阶段,在准确地运用名词、形容词、方位词等方面表现较弱。在"理解不同讲述类型的内容组织方式"方面,约 38 名(76%)幼儿发展处于初始阶段,能够讲述直观的事物特征,如某事物的外形特征;12 名(24%)幼儿处于稳定阶段,会按照一定的顺序进行讲述,如从里到外;没有幼儿达到拓展阶段。在"以独白语言的形式进行讲述"方面,42 名(84%)幼儿处于初始阶段,愿意在熟悉的人面前独立讲述;其余 6 名(12%)幼儿发展达到稳定阶段;2 名幼儿达到拓展阶段,能够在借助凭借物的情况下独立构思讲述内容。

　　在观察的过程中课题组也发现,幼儿在一日活动中,进行说明性讲述的对象往往是自己熟悉或喜欢的事物,例如自己新带来的玩具、建构区里自己搭建的作品或美工区里自己制作的手工等。因为幼儿的表象储存能力有限,他们对自己喜欢或熟悉的事物印象深刻,这也较容易成为他们独立构思的对象和素材。孩子也比较愿意在熟悉的人面前大胆表达与讲述,例如同伴或老师。他们能够按照一定顺序介绍某一事物,比如幼儿在介绍自己搭建的积木作品时,会说道:"这是我用乐高积木搭的一个房子。上面的房顶是红色的,下面的房子是蓝色的,外面我还围了一圈围栏。"在幼儿的讲述中可以发现,幼儿有一个话题的介绍"这是……"并且讲述了作品搭建所用的材料"这是我用乐高积木搭的一个房子。"幼儿在讲述的时候,也有一定的讲述顺序,是按照从上到下,再到外围进行介绍。在这其中对作品的物理属性——颜色进行了描述——"红色的""蓝色的"等,以及用了"还"这个连词。

但由于幼儿的认识水平有限,以及这种讲述形式在日常生活中并不多见,所以幼儿在进行说明性讲述的时候讲述的内容尚不够完整,语言组织的连贯性欠佳,语言的准确性和简洁性也不够,除了对事物直观特征或现象的讲述,还有许多主观的成分存在。

3. 幼儿能解释并坚持自己的观点,理解和尊重别人的观点,但运用恰当方法进行辩论的经验薄弱

表 1-10　大班幼儿辩论经验准备现状

| 表现阶段 | 人次 | 百分比 |
| --- | --- | --- |
| 无相关经验 | 0 | 0% |
| 初始阶段 | 7 | 14% |
| 稳定阶段 | 33 | 66% |
| 拓展阶段 | 10 | 20% |
| 总计 | 50 | 100% |

通过数据统计及分析,本课题组发现在大班初期,幼儿在辩论方面已具有一定的经验,其中约14%的幼儿处于辩论发展的初始阶段,其典型表现为理解讨论话题并有自己的判断,可以用比较清楚的方式表达自己的观点,如会使用"我认为……因为……所以……"句式,用有着内在因果逻

辑的理由支持自己的观点,同时能认真倾听别人的发言,不随意打断别人的话。但幼儿在使用辩论方法方面大多是本能的运用,并不知道这是一种方法。

66%的幼儿处于稳定阶段,其典型表现为有坚持自己的观点的态度倾向,尝试找出不同的理由来解释证明自己的观点,能在有质疑、有反驳的情况下继续坚持自己的观点,也开始比较熟练地运用多种辩论方法,如"陈述""假设",可能还会用"举例"等。如在"晴天好还是雨天好"辩论活动中,幼儿陈述自己的观点和理由为:"我觉得晴天好,因为晴天很舒服,可以在外面玩儿,如果下雨了要穿雨衣很麻烦,衣服和鞋子还会湿掉,一点都不方便,所以我觉得晴天好。"此外,处于稳定阶段的幼儿在交流时能仔细倾听并理解别人所说的意思、理解性倾听。

20%的幼儿处于拓展阶段,占比较少,处于此阶段的幼儿辩论能力发展较好,典型表现为不仅能在有质疑、有反驳的情况下多角度地坚持自己的观点,还能关注对方的观点,并从中找出纰漏或错误,主动反驳对方的观点,说服对方认可自己的观点,如在"大人好还是小孩好"辩论活动中,支持"小孩好"方的论据为"大人上班很辛苦,小孩好轻松",支持"大人好"一方的幼儿立刻抓住漏洞进行反驳:"小孩要学习并不轻松,而且大人学得更快学习能力更强,所以还是做大人好"。幼儿在辩论过程中使用了"陈述、对比、举例"甚至"反问"的辩论方法,且按照一定的规则进行辩论,达到了敏锐辩说的效果,但在各种辩论方法的使用上还不够熟练运用,在后续的研究过程中将继续给予适当地支持,这会对幼儿的分析、判断、评价等思维能力有极大的提升。

幼儿辩论的核心经验可分为三个范畴[1]:一是解释并坚持自己观点的经验;二是运用恰当方法辩论的经验;三是理解和尊重别人观点的经验。除了分析幼儿辩论发展的整体水平,分块分析每一个核心经验幼儿

---

[1] 周兢主编.学前儿童语言学习与发展核心经验[M].南京:南京师范大学出版社,2014:45.

大班幼儿辩论核心经验发展现状对比

```
80%                        74%
70%                              60%
60%
50%          50%
百40%
分
比30%              36%
20%  14% 18% 16%              24%
10%                        8%
 0%
    初始阶段    稳定阶段    拓展阶段
```

▨ 解释并坚持自己观点的经验　▧ 运用恰当方法进行辩论的经验
▥ 理解和尊重别人观点的经验

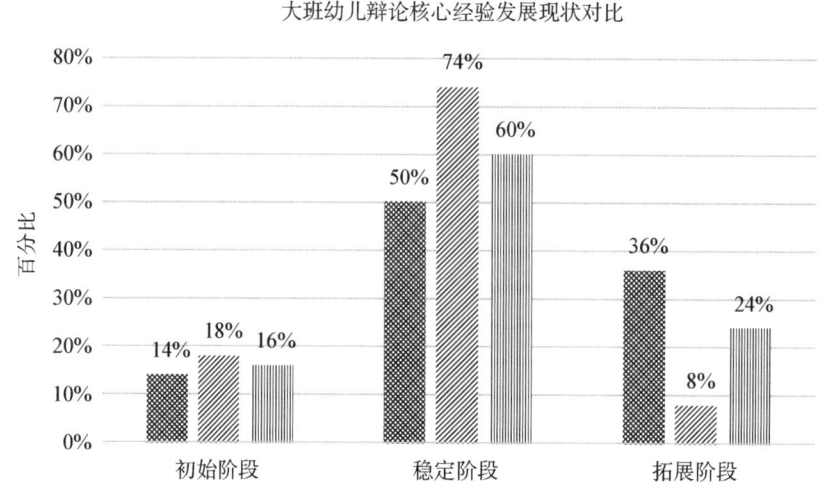

**图 1-7　大班幼儿辩论核心经验发展现状对比**

的发展情况，可更好地了解大班幼儿在辩论发展方面的优势和弱势，因此以下本课题组将分别对幼儿三条核心经验的发展情况进行分析。

由图1-7可知，辩论方面的三条核心经验中，在"解释并坚持自己观点的经验"方面，幼儿表现相对较好，52名幼儿中7名（17%）幼儿处于初始阶段，25名（50%）幼儿处于稳定阶段，18名（36%）幼儿达到拓展阶段，能在有质疑、有反驳的情况下，多角度地坚持自己的观点，并针对不同观点进行反驳。在"运用恰当方法进行辩论的经验"方面，约37名（74%）幼儿发展处于稳定阶段，其余部分幼儿分别处于初始阶段和拓展阶段。在"理解和尊重别人观点的经验"方面，30名（60%）幼儿处于稳定阶段，12名（24%）幼儿发展达到拓展阶段。

由此可知，幼儿在辩论核心经验发展现状中，绝大部分处于稳定阶段，在三条核心经验中，幼儿在解释并坚持自己的观点方面发展较好，除了个别幼儿在辩论过程中受对方影响改变自己观点外，大部分幼儿都能坚持并解释证明自己的观点；此外，理解和尊重别人观点的经验方面发展水平不错,在辩论过程中,幼儿能够用文明的语气发表不同的意见,既能够据理力争又能尊重不同的观点,但对辩论规则方面的经验较少,教师需逐步提高幼儿的规则意识;最后,幼儿在运用恰当方法辩论的经验方面比较薄弱,在辩论过程中幼儿会不自觉地运用一些辩论方法,如陈述、假设、对比、反问、举例等,但他们很少能意识到这些方法的存在,在后续研究开展过程中,教师可针对此处薄弱帮幼儿进行提炼,让他们知道这个方法的准确概念,并记住这些方法,这将会事半功倍地提高幼儿的辩论水平,从而达到敏锐辩说的效果。

4. 幼儿阅读行为习惯发展较好,但阅读理解与阅读策略以及对阅读内容的表达与评判相对薄弱

通过数据统计及分析,本课题组发现在中班初期,幼儿在前阅读方面已具有一定的经验,其中约50%的幼儿处于前阅读发展的初始阶段,其典型表现为掌握基本的图书阅读的规则,愿意看书,并能在阅读过程中对封面或图画书的内容进行简单猜测等,比如幼儿会从前往后一页一页翻阅,能知道《鱼就是鱼》这本书是关于鱼和一只青蛙的故事。其余约50%的幼儿处于稳定阶段,其典型表现为阅读的兴趣和专注度更高,能自主熟练地翻阅图书,能发现图画书中更多的细节,更准确地理解图画书内容,并表现出移情或表达自己的观点,比如幼儿能根据鱼和青蛙的表情变化,判断故事情节的发展,当鱼跳上岸要死去的时候,幼儿会表现出难过。没有幼儿处于拓展阶段。

表 1-11 中班幼儿期初前阅读水平总体情况表

| 表现阶段 | 人次 | 百分比 |
| --- | --- | --- |
| 无相关经验 | 0 | 0% |
| 初始阶段 | 25 | 50% |
| 稳定阶段 | 25 | 50% |
| 拓展阶段 | 0 | 0% |
| 总计 | 50 | 100% |

幼儿前阅读的核心经验可分为三个范畴：良好阅读习惯和行为的养成，阅读内容的理解和阅读策略的形成，阅读内容的表达与评判。由下图可知，前阅读方面的三条核心经验中，在"良好的阅读习惯和行为养成"方面，幼儿表现相对较好，50名幼儿中，31名（62%）幼儿处于稳定阶段，15名（30%）幼儿处于初始阶段，有4名幼儿在阅读行为习惯方面表现突出，达到拓展阶段。在"阅读内容的理解和阅读策略的形成"方面，约25名（50%）幼儿发展处于稳定阶段，其余幼儿处于初始阶段，没有幼儿达到拓展阶段。在"阅读内容的表达和评判"方面，34名（68%）幼儿处于初始阶段，其余16名（32%）幼儿发展达到稳定阶段，同样没有幼儿达到拓展阶段。

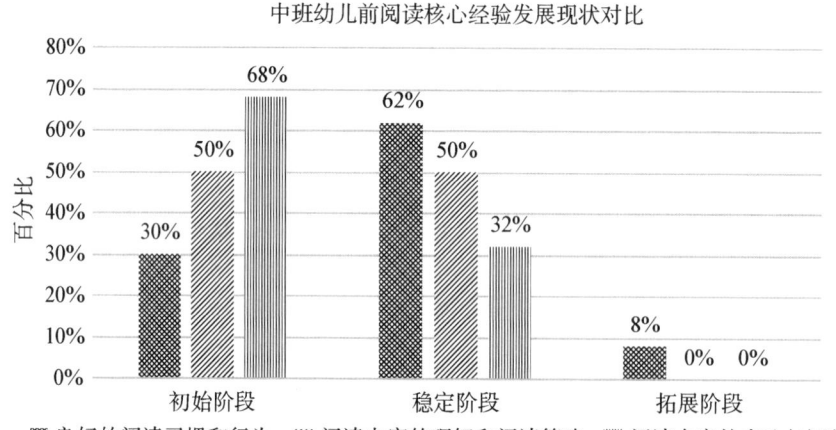

图1-8 中班幼儿前阅读核心经验发展现状对比

由此可知，在三条核心经验中，幼儿在阅读行为习惯方面发展较好，大部分幼儿已经形成相对稳定的阅读习惯，这与前期幼儿园和家庭绘本阅读现状分析中发现，教师和家长对绘本阅读重视，并能坚持开展绘本阅读活动是息息相关的；而幼儿对阅读内容的理解和阅读策略的掌握相对薄弱，对阅读内容的表达与评判则更弱，研究者认为这也是幼儿园和家庭中对绘本阅读重"量"不重"质"、缺乏后续深入互动等问题在幼儿前阅读发展水平方面的反映。

同时,三条核心经验发展方面的差异,也体现了幼儿前阅读水平存在差距的关键点——对阅读内容的理解与阅读策略的掌握以及对阅读内容的表达与评判方面存在较大差异。换句话说,要切实提升幼儿前阅读水平,促进幼儿前阅读核心经验的发展,关键在于提升幼儿对阅读内容的理解,对阅读策略的掌握,对阅读内容的表达及评判。

5. 幼儿能发现汉字"方块字"的特点,但对汉字结构特点和创意、多元表征的经验不足

大班学期初,本课题组选取了两个班级,共计 50 名幼儿,使用《幼儿前识字核心经验发展水平评估表》对其进行了前识字水平评估。评估采用前识字经验水平测试和根据日常表现评价相结合的方式,其中前识字经验水平测试由课题组根据前识字核心经验及其评价性指标设计,在测试过程中,课题组结合《幼儿前识字核心经验发展水平评估表》以及幼儿日常表现等,判定幼儿在前识字方面的发展现状,以下就测试结果进行分析和讨论。

(1) 大部分幼儿在前识字方面已具备一定的经验,逾半数幼儿处于稳定阶段

通过数据统计及分析,课题组发现在大班初期,幼儿在前识字方面已具有相对丰富的经验,其中约 64% 的幼儿处于前识字发展的稳定阶段,其典型表现为对生活中的文字符号比较敏感,知道不同地方的文字表达不同的意义,开始能找到不同汉字中的一些相同部件等;约 30% 的幼儿处于拓展阶段,这部分幼儿会有意识地使用文字符号,知道汉字是方块字、是由不同部件构成的,同时会积极指认已习得的文字等;两个班级中只有 3 名幼儿处于初始阶段,这些幼儿虽然对符号文字的功能有一定的意识,但对符号和文字形式以及规则的意识经验不足。

表 1-12 大班幼儿期初前识字水平总体情况表

| 表现阶段 | 人次 | 百分比 |
| --- | --- | --- |
| 无相关经验 | 0 | 0% |
| 初始阶段 | 3 | 6% |
| 稳定阶段 | 32 | 64% |
| 拓展阶段 | 15 | 30% |
| 总计 | 50 | 100% |

(2) 前识字核心经验的发展存在一定差异，指向促进前识字发展的关键点

幼儿前识字的核心经验可分为三个范畴：获得符号和文字功能的意识，发展符号和文字形式的意识，形成符号和文字规则的意识。由下图可知，前识字方面的三条核心经验中，在"获得符号和文字功能的意识"方面，幼儿表现相对较好，50 名幼儿中，42 名（84%）幼儿处于拓展阶段，8 名（16%）幼儿处于稳定阶段，没人处于初始阶段。在"获得符号和文字形式的意识"方面，约 34 名（68%）幼儿发展处于稳定阶段，12 名（24%）幼儿处

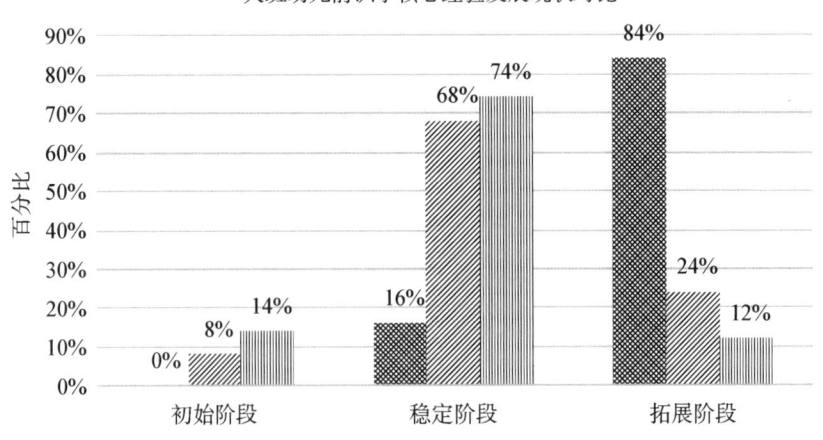

图 1-9 大班幼儿前识字核心经验发展现状对比

于拓展阶段,4 名(8%)幼儿处于初始阶段。在"获得符号和文字规则的意识"方面,37 名(74%)幼儿处于稳定阶段,6 名(12%)幼儿发展达到拓展阶段,7 名(14%)幼儿还处于初始阶段。

由此可知,在三条核心经验中,幼儿对符号和文字的功能经验充分,大部分幼儿已经达到拓展阶段,他们在生活中对文字敏感,会关注文字的意义,知道文字符号可以用来表达意义,并具有记录的功能;而大班初期幼儿对符号和文字形式以及规则的意识,则大多处于稳定阶段,他们虽然开始意识到汉字中有不同的"字宝宝"(部件),但对部件组成汉字的规则,含有不同的部件的汉字可能具有的含义和读音等的经验还不足,因此只有约 24% 和 12% 的幼儿发展到了拓展阶段。

总而言之,幼儿对符号和文字的功能经验充分,对符号和文字形式以及规则的意识有待提升。三条核心经验发展方面的差异,体现了大班初期幼儿前识字水平存在差距的关键点——对符号和文字形式的意识以及对符号和文字规则的意识方面存在一定差异。因此,要切实提升幼儿前识字水平,促进大班幼儿前识字核心经验的发展,关键在于提升幼儿对符号和文字形式的意识以及对符号和文字规则的意识。

6. 幼儿"前书写"的表征愿望强烈,但对汉字结构特点和创意、多元表征的经验不足

表 1-13 中班幼儿期初前书写水平总体情况表

| 表现阶段 | 人次 | 百分比 |
| --- | --- | --- |
| 无相关经验 | 0 | 0% |
| 初始阶段 | 47 | 94% |
| 稳定阶段 | 3 | 6% |
| 拓展阶段 | 0 | 0% |
| 总计 | 50 | 100% |

通过数据统计及分析,本课题组发现在中班初期,幼儿在前书写方面基本处于初始阶段,其典型表现为大部分幼儿能通过随意涂鸦、随意的线条"假装"书写,几乎所有幼儿都能感知汉字方块字的特点,能将方块字与数字、图画、相似的图形符号区分开;只有3名幼儿前书写的总体水平达到稳定阶段,其典型表现幼儿除了进行涂鸦、涂画、绘画,书写的内容包括一些符号、图形等,并尝试用图画、符号、甚至简单的文字表达某种意思,有一名幼儿发现汉字"一字一音"的特点;没有幼儿处于拓展阶段。

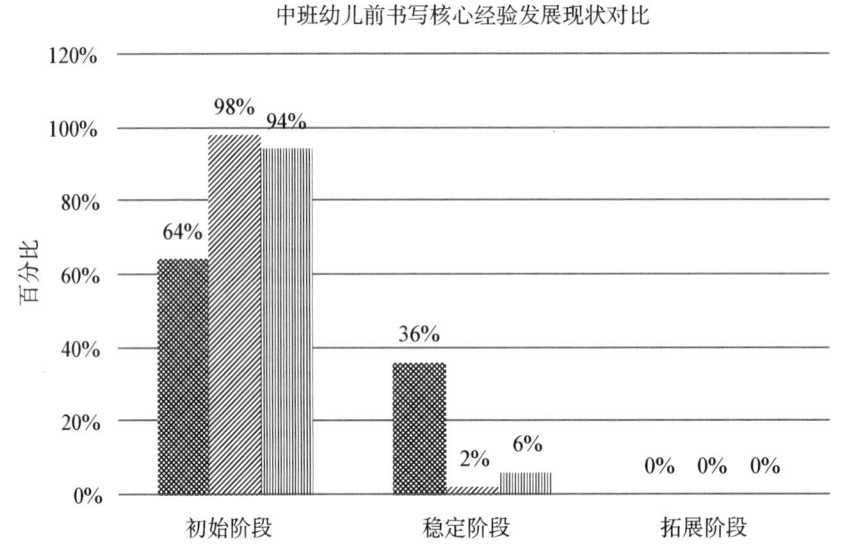

图1-10 中班幼儿前书写核心经验发展现状对比

幼儿前书写的核心经验可分为三个范畴:建立书写行为习惯的经验,感知理解汉字结构的经验,学习创意书写表达的经验。除"建立书写行为习惯的经验"有部分幼儿处于稳定阶段外,其他两条核心经验"感知理解汉字结构的经验"和"学习创意书写表达的经验",几乎都处于初始阶段。

体现在日常活动中，则可以看出幼儿往往会对自己喜欢的内容或熟悉的事物进行记录和表征，例如植物角的观察记录，问题墙上对问题和答案的表征，美工区"小书"创作的"书写"记录等。虽然幼儿的前书写能力有限，但他们从自己喜欢或熟悉的事物出发，表达、记录、书写的愿望相对强烈。但我们也看到，幼儿在进行"书写"活动的时候，虽然很多幼儿能区分汉字和图片、数字、字母，但是对于汉字结构的理解停留在初步阶段，也没有建立多元表征、创意书写的意识，因此在后续的前书写活动中，本课题组需多为幼儿提供和创建这两方面进一步学习和书写的机会，提高和巩固幼儿"感知理解汉字结构的经验"和"学习创意书写表达的经验"。

**（二）毕业幼儿在语言入学准备过程中的现状问题**

为了进一步了解幼儿在进入小学后在语言学科上可能遇到的困难，更全面了解幼小衔接语言入学准备中可能遇到的问题，研究者还对5位小学语文教师进行了访谈，访谈提纲见附件。5位语文教师均来自与幼儿园同处基础教育园区的华师大附属紫竹小学，由于我园绝大多数毕业生会进入紫竹小学，所以紫竹小学语文教师的反馈对预知我园幼儿在幼小衔接中可能存在的问题具有代表性。通过对访谈内容的梳理，研究者发现幼升小过程中，一年级新生在语文学科的学习和幼小衔接中主要存在如下问题：

1. 倾听意识有待提高

孩子进入小学后，表达的欲望很强，但交流过程中倾听习惯和意识不强，都抢着说，却不能认真听别人说。倾听是孩子交往沟通中重要的一环，也是孩子语言能力发展的重要基础。孩子只有会倾听，才能有进一步的理解，才会有理解之后的口头乃至书面语言的表达，才能更好地表达。因此小学老师认为，倾听应当放在孩子语言发展的首位，不仅要培养孩子们听老师说，还要培养孩子们倾听同伴观点的意识和能力。

### 2. 表达的丰富性和规范性有待提高

小学低年龄段的孩子，表达欲望很强，但在过程中却忽略了对语言的组织，有时候表达就是一个词一个字蹦出来，语言的丰富性和规范性意识不强。比如表达要吃什么，孩子一般只会或者习惯于说"鸡腿"，那么这样零散的语言表达，对后续孩子的语言发展，不论在口头语言还是书面语言方面，都是不利的。这种缺乏组织和过于简单的表达，到高年级的主要表现就是写东西很短，语言表达越来越单薄，不够丰富。同时还有一些表达能力弱的孩子经常不知道说什么，觉得没东西说，没东西写。

### 3. 存在"随意说、无目标"的问题

随着生活经验的不断丰富，进入小学后，孩子的语言表达愿望也日益强烈。但是在日常交往的过程中，孩子语言表达的随意性较强，目的意识较弱，很容易出现被其他人表达的内容所影响，跟着别人走，而忘记自己所想要表达的观点的现象。而孩子只有掌握辩论的方法和规则，即能够针对自己的观点进行解释并坚持，并在合适的时机运用恰当的方式对自己的想法进行阐述，才能形成辩论的评判性思维，以让自己的表达更有针对性和目的性。同时，小学老师认为，孩子语言表达出现的随意性和无目标的现象，也正表明了孩子辩论性思维的欠缺。而这体现在后续作文的写作中，可能会较容易出现"跑题"现象，即不能围绕固定的作文题目进行一定顺序、方法合适的言之有物的写作。

### 4. 存在"读不透、缺理解"的问题

进入小学后，有孩子已有或者会逐步积累一定的识字量，但虽然认识了很多常见的汉字，但是大部分孩子对汉字背后的含义，汉字构成的规则等方面不敏感或者说缺少感知和理解；在阅读方面，小学教师认为孩子对画面缺少观察能力，对文字缺少一定的思考和理解能力，认为幼儿园阅读材料主要为绘本，缺少持续阅读一些适宜于低龄儿童的文学作品的机会，那么也不利于孩子在进入小学后进行语文素材的阅读，也不利于孩子感知文学作品的连续性、故事性、完整性等。

5. 存在"不愿写、写不来"的问题

除了口头语言表达和阅读理解方面存在的问题,幼儿在书面表达方面也存在一定的问题:首先,进入小学后仍有很多孩子握笔姿势不规范,没有良好的书写姿势,而且习惯一旦养成,很难纠正,从而导致书写速度较慢、书写不工整等问题。小学老师认为主要是孩子们入小学前"写画"机会较少,教师和家长不重视幼儿写画姿势导致的,因此很多孩子进入小学后存在"不愿写、写不来"的问题,从而容易对书面表达形成畏难情绪。他们认为,在幼儿园阶段,如果用恰当的方式引导孩子去观察、了解汉字不同部件,感知汉字的构成和形式,将会对入小学后语文学科的学习非常有帮助。

6. 家长对幼儿语言入学准备缺少科学的认识和方法

小学教师认为,孩子进入小学后出现的适应问题,很大程度上也因为家长缺少帮助孩子科学地做好入学准备的意识和方法。目前,两种类型的家长比较多,一种是"鸡血型",不论孩子的年龄特点和学习方法,一味地灌输认知方面的经验,虽然孩子获得了一定的认知准备,但在过程中孩子的学习兴趣也可能磨灭殆尽;另一种家长则对小学入学"零起点"存在误解,他们认为"零起点"就是什么都不学,什么都不用准备,因此孩子不仅没有认知方面的准备,连基础的学习品质和学习习惯的培养也没有。这两种类型的家长培养出的孩子,在进入小学后都会存在一定的问题。因此刚进入小学的孩子语言入学准备的个体差异性较大,而家长在其中也起着至关重要的作用。

以幼儿"前识字核心经验的发展"为例,在前识字活动一块,部分家长往往不管孩子的年龄特点和学习方法,过于关注认知和技能的学习及联系,他们关注识字量,关注拼音的掌握,书写的美观和速度,通过枯燥的练习不断强化孩子的能力。在这个过程中,虽然孩子获得了一定的认知准备,但孩子的学习兴趣也可能磨灭殆尽,容易出现抵触和厌学情绪。

### (三) 幼儿园语言入学准备实施的行动路径

结合在园幼儿语言各方面核心经验存在的现状问题和对小学语文教师访谈内容的梳理发现,小学教师访谈中反馈的孩子在语文学科中"听""说""读""写"方面的问题其实正是指向语言入学准备的问题,也与在园幼儿语言核心经验发展中存在的现状问题有很多一致的地方,比如在口头语言方面,幼儿倾听意识有待进一步提升,在口语表达过程中语言组织的逻辑性、完整性和丰富性不够;在书面语言方面,阅读过程中幼儿对阅读内容的深入理解不够,幼儿对汉字结构特点和文字形式规则的敏感性和感知不足,纸笔互动的姿势不规范等。反而言之,解决这些存在的问题,则会成为做好语言入学准备的关键。同时,小学教师也同样重视家庭教育对幼儿入学准备过程中起到的作用,这与幼儿园阶段一直强调家庭教育的理念是不谋而合的。因此在接下来的研究实践中,研究者将会针对幼儿在口头语言和书面语言方面发展的弱势和存在的问题着手,从针对家长做好入学准备的家庭教育指导入手,丰富幼儿的相关语言经验水平,帮助家长树立正确的语言入学准备观念和意识,从而解决语言入学准备过程中存在的问题,帮助孩子更好地适应小学生活。

#### 1. 语言入学准备活动的设计

幼儿语言发展与学习的核心经验中,各类型的语言活动对幼儿语言发展有着各自的价值和意义,为幼儿进入小学后的学业语言能力也打下重要基础,例如:讲述中说明性讲述的语言特点就和学业语言的特征较为统一,都能够培养幼儿逻辑思维的能力,强调正式性、客观性、简洁性、精确性、条理性。而六种不同类型的语言活动相互关联、交织,共同推动幼儿语言能力的全面发展。

为了促进幼儿口头语言和书面语言的发展,提升幼儿整体语言能力,帮助幼儿为日后进入小学做好充分的语言准备,我们在这一部分的研究中,对幼儿园语言入学准备教育活动的设计做了深入的思考和架构。

(1) 紧扣二期课改教材,丰富和细化语言活动在现阶段以上海市二期课改教材为主的幼儿园课程中,语言领域的教育一方面作为幼儿学习的对象独立存在,设有专门的偏向语言领域发展的活动,以大班学习活动为例,在《我是中国人》主题下,有《月亮船》和《国庆真热闹》两篇语言特质较为凸显的教学方案(语言★★★),主要体现的语言活动类型为前阅读、讲述(叙事性讲述)和谈话。另一方面,语言还作为幼儿学习的工具,与健康、科学、社会、艺术领域相互整合与渗透,存在于幼儿各领域的学习中(语言★★★)。

而我们在对语言入学准备活动的设计与架构时,可能更聚焦幼儿发展的语言核心经验,深入挖掘有意义、有价值的语言教育内容,丰富语言活动的类型,在二期课改的背景下,将幼儿语言发展与学习的核心经验有机地融合进去,让语言教育更加细化、深入和全面,从而改进和完善幼儿园语言教育活动的建设。架构紧扣二期课改且体系科学、完整。

① 将已有偏语言领域的活动重新设计与调整,凸显语言核心经验

在学习活动教材中,汇总出所有的偏语言领域的活动,对其进行分析与整理,根据活动内容的不同,选择不同的、适宜的语言活动类型作为切入点,重新设计活动方案,落实相应的语言核心经验。例如在大班《有用的植物》主题中,将已有的《树真好》这一活动,重新调整,设计为聚焦在幼儿前书写的语言活动,详见表1-14。

② 在其他领域的活动中,渗透语言核心经验的内涵

不论是什么领域的活动中,都离不开语言的组织与运用。我们在其他各领域的活动中,分析活动目标与环节,根据具体的活动需要,找到相关语言核心经验的联系点,渗透语言核心经验的内涵,帮助幼儿做好语言入学准备。

以大班《有用的植物》主题下,偏社会和健康领域的活动《保健茶》为例,详见表1-15。

表 1-14 《树真好》活动方案对比分析表

| 活动名称 | 二期课改教案：树真好（偏语言领域） | 比对分析 | 语言入学准备活动：树真好（前书写活动） |
|---|---|---|---|
| 活动目标 | 1. 区分常绿树和落叶树的显著特征，了解树给人们带来的好处。<br>2. 理解和欣赏散文诗《树真好》，尝试按散文诗的韵律复述。 | 偏语言领域，但目标没有明确指向语言核心经验<br><br>一条目标指向阅读，一条目标指向前书写，凸显语言核心经验 | 1. 理解图画书中树给生活带来的好处，联系经验，进一步感知理解树木与生活的关系。<br>2. 愿意用多元的表征方式进行记录，能清楚的表达自己的想法。 |
| 重点环节 | 一、讲讲说说，周围的树<br>1. 交流我们的周围哪里有树。<br>2. 观察常见树种的图片：分辨这些树的不同，说一说它们的名称。<br><br>二、区分常绿树和落叶树<br>1. 说出几种秋冬季落叶的树和不落叶的树；<br>2. 看看、摸摸，比较两种树叶的不同；<br>3. 小组操作区分常绿树和落叶树；<br><br>三、学散文诗《树真好》<br>1. 边听教师朗读散文诗，边看图书。<br>2. 两两结伴观看图画书，讲讲说的好处。<br>3. 交流：我在散文诗中了解了什么？散文诗中是怎样说的？有哪些优美的词句，找到画面学一学这一段散文诗句。 | 从谈话导入，请幼儿联系生活经验说说关于树的事情<br><br>在联系生活经验谈话的基础上更鼓励幼儿大胆表达自己的立场和观点<br><br>二期课改教案的第二环节围绕常绿树和落叶树的区分和感知展开，虽然过程中会让幼儿进行讲述，但更偏科学领域，且与前后环节经验不连贯<br><br>入学准备活动教案的第二环节在导入环节激趣的基础上，从阅读观察画面入手，让幼儿在语言表达之后，尝试用前书写的方式进行记录<br><br>引入散文诗，通过朗诵、阅读等方式理解并欣赏散文，但放在活动中其中一个环节中开展，活动重难点不凸显，课容量不足<br><br>在表征图片中发现的基础上，进一步联系生活经验，续编《树真好》并用前书记录，巩固第二环节活动获得的书面表征的经验 | 一、谈话导入，发现树给生活带来的好处<br>导入：哪里有树？你喜欢树吗？说说你的理由。<br><br>二、看看、说说树真好的原因，并用自己的方式记录<br>1. 观察画面，交流发现的树的作用<br>2. 尝试记录发现，教师梳理<br>3. 分享交流，经验分享（树的作用/记录方式）<br><br>三、联系生活经验，续编《树真好》<br>1. 交流生活中，树还有什么作用<br>2. 再次记录，续编《树真好》 |

表 1-15　《保健茶》活动中教师对幼儿语言核心经验的渗透

| 活动名称 | 二期课改教案：<br>保健茶<br>（偏社会、健康领域） | 渗透和关注语言核心经验 |
|---|---|---|
| 活动过程 | ……<br>三、为家人配保健茶<br>1、说说想为谁配保健茶，谈论他们的不同需要。<br>2、按家人的需要，就准备的材料想想选配哪几种，各需要多少，并记录在纸上。<br>3、对照自己的记录，用小勺配制保健茶，放在小塑料袋里，并封上口。<br>4、幼儿介绍自己为谁配的保健茶，里面有些什么。请大家猜一猜，这位小朋友的家人有什么需要。 | 这一部分除了对发言的幼儿语言表达能力，我们还要关注其他幼儿作为倾听者时的倾听习惯。<br><br>关注幼儿记录表格时使用到的记录方式和表征形式，并提醒幼儿使用正确的握笔姿势、坐姿。<br><br>在幼儿介绍自己配制的保健茶时，关注幼儿讲述能力的核心经验，引导幼儿使用简单的连接词有序地进行讲述，如：我先做了…接着放了…然后放了…最后放了…；我的保健茶里有…有…还有… |

③ 选择适宜的活动素材，丰富、深化主题内容，打通语言核心经验之间的关系。

除了对现有的活动进行重建和渗透，我们还积极搜寻适宜的活动素材,根据主题需要和幼儿兴趣,丰富主题网络,深化主题内容,拓展更多的语言活动类型,打通语言核心经验之间的关系。

同样以大班主题《有用的植物》为例,我们还增加了指向前阅读的活动《番茄的旅行》《狐狸和大熊》,指向说明性讲述的活动《玉米》《大米是怎么来的》《八宝茶》,指向前书写的活动《一园青菜成了精》等。

```
                          有用的植物
          ┌──────────┬──────────┬──────────┐
       街心花园    绿色菜篮子    种植园     能保健和
                                           治病的植物
         │            │            │            │
       树真好     番茄的旅行    狐狸和大熊    八宝茶
      (前书写    (前阅读活动) (前阅读活动) (讲述活动)
       活动)    大米是怎么来的 一园青菜成了精
                (讲述活动)   (前书写活动)
                  玉米
                (讲述活动)
```

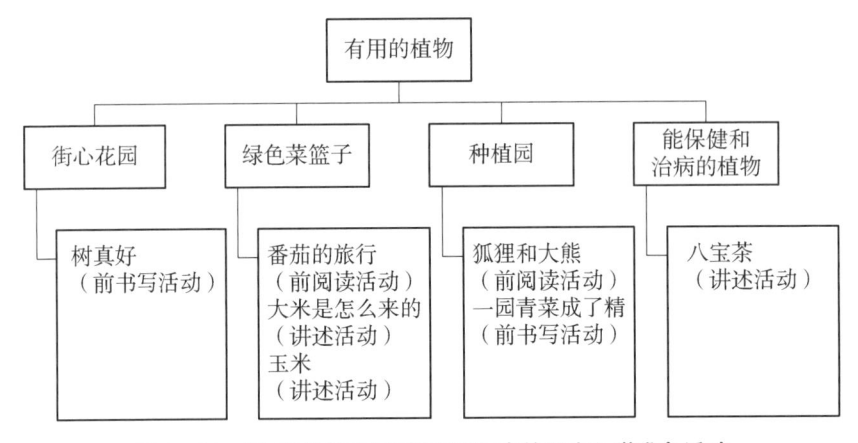

图 1-11 《有用的植物》主题下拓展出的语言入学准备活动

(2) 针对弱势,设计并开展相应的语言入学准备活动

在研究中,研究者根据研究一梳理的评价指标,从谈话、讲述、辩论、前阅读、前识字、前书写六块入手评估并梳理了幼儿的语言核心经验中可能存在的弱势和问题,并结合小学老师的访谈反馈,进一步厘清在语言入学准备过程中存在的现状问题,在研究实践中将针对这些问题,设计并开展相应的语言入学准备活动。

在确定评价指标的过程中,研究者就发现从谈话、讲述、辩论、前阅读、前识字、前书写六种语言活动的类型入手,有利于从日常语言活动中观察评估幼儿的语言核心经验的发展现状,也更利于在了解现状后,针对性地开展相应的实践活动,从而促进幼儿相应语言核心经验的提升。因此,语言入学准备活动的设计和实施也从六个领域的语言活动入手,其中谈话、讲述、辩论活动围绕口头语言核心经验中存在的倾听、表达方面的问题,而前阅读、前识字、前书写活动则围绕书面语言核心经验中存在的阅读和书写准备方面的问题,如图1-12所示。

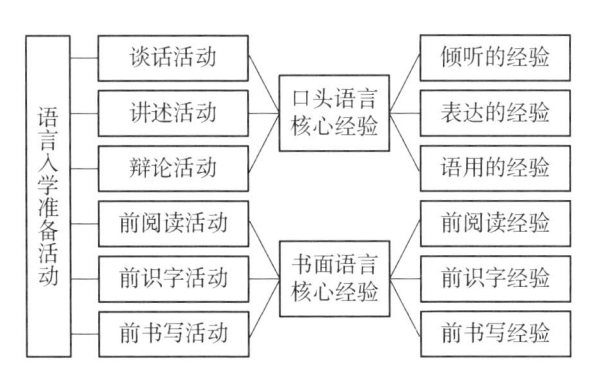

图1-12 语言入学准备活动与核心经验准备

比如,幼儿的倾听习惯和意识弱,那么日常可以通过多开展谈话活动,在谈话活动中,有意识地引导幼儿认真倾听同伴发言;幼儿口语表达不完整、缺少一定的逻辑性,则可重点在讲述活动中,为幼儿提供讲述的凭借物,引导幼儿按照一定的顺序进行完整讲述。也就是说针对某个存在发展弱势的核心经验,可以开展促进该核心经验发展的某一类型的语言活动。当然,对于同一个弱势和问题,也可以在不同类型的活动中同时予以关注。比如倾听习惯,既可以在谈话活动中进行关注,也可以在讲述活动和辩论活动进行关注;比如关于符号和文字形式、规则等的感知,既可以通过创设丰富的前阅读环境,引导幼儿在前阅读活动中感知,也可以通过开展专门的前识字和前书写活动中进行。

根据上述设计思路,研究开展至今,我园已设计近百个语言入学准备活动,在完善和丰富二期课改主题下语言活动的基础上,有针对性地指向谈话、讲述、辩论、前阅读、前书写、前识字六块语言核心经验,促进幼儿语言入学准备经验的提升,详见表1-16。其中辩论和前识字活动的实践研究刚开始,活动设计有待丰富;其他类型的活动,也会在接下来的实践中,继续设计和丰富。

表1-16　目前实践中已设计的语言入学准备活动

| | | | | | |
|---|---|---|---|---|---|
| 谈话活动 | 小班《哎呀,我噗噗了》(小宝宝)<br>小班《逃家小兔》(小宝宝)<br>中班《好礼物坏礼物》<br>中班《小猴吃桃》<br>中班《桃树下的小白兔》(幼儿园里朋友多)<br>中班《好朋友》(幼儿园里朋友多)<br>中班《大人和小孩》(我爱我家)<br>大班《幼儿园小学大不同》(我要上小学)<br>大班《耶!夜!》(我要上小学)<br>大班《田鼠阿佛》(第二课时)<br>大班《好消息坏消息》<br>大班《一分钟长还是短》(我要上小学) | 讲述活动 | 小班《有花纹的动物》(动物的花花衣)<br>小班《球球的红围巾》<br>小班《森林集市》(学本领)<br>中班《玉米》(好吃的食物)<br>中班《猜猜乐》(玩具总动员)<br>中班《小猴卖圆》(在动物园里)<br>中班《问路》(我在马路边)<br>中班《屁股屁股》(身体的秘密)<br>大班《好饿的毛毛虫》(在动物园里)<br>大班《食品的食用方法》(好吃的食物)<br>大班《动物的秘密线索》(在动物园里)<br>大班《莲花》(有用的植物)<br>大班《有趣的手工》 | 辩论活动▲ | 大班《用IPAD好不好》<br>大班《有弟弟妹妹好还是不好》(我自己)<br>大班《当大人好还是当小孩好》(我自己)<br>大班《一根羽毛也不能动》<br>大班《好消息坏消息》<br>大班《幼儿园好还是小学好》(我要上小学)<br>大班《晴天好还是雨天好》(春夏和秋冬)<br>大班《一分钟长还是短》(我要上小学) |
| 前阅读活动 | 小班《谁的便便》<br>小班《逃家小兔》<br>小班《小蓝和小黄》<br>小班《小兔的连衣裙》(动物花花衣)<br>小班《小猪变形记》<br>小班《肚子里面长啥样》(苹果和橘子)<br>小班《各种各样的脸》<br>小班《蚂蚁和西瓜》<br>中班《绿色贴纸》<br>中班《狐狸的商店》<br>中班《桃树下的小白兔》(幼儿园里朋友多)<br>中班《猜猜我有多爱你》<br>中班《国王生病了》<br>中班《长颈鹿好长哦》 | 前书写活动 | 小班《我的连衣裙》(动物花花衣)<br>小班《逛超市》<br>小班《找朋友》(我的幼儿园)<br>小班《春游去》(好朋友)<br>小班《我爱吃的水果》(苹果和橘子)<br>中班《绿色贴纸》(周围的人)<br>中班《给圣诞老爷爷的信》<br>中班《捉迷藏》<br>中班《国王生病了》<br>大班《玩转上海》(我们的城市)<br>大班《云彩和风》(春夏) | 前识字活动▲ | 大班《鱼子非》<br>大班《妹妹是个跟屁虫》<br>大班《有趣的提手旁》(我是中国人) |

续　表

| | | | |
|---|---|---|---|
| （在动物园里）<br>中班《没有什么不方便》<br>大班《田鼠阿佛》；大班《我的地图书》<br>大班《100层的房子》<br>大班《月亮船》（我是中国人）<br>大班《猜猜看，谁做了什么？》<br>大班《夜里什么人不睡觉》（我们的城市）<br>大班《一根羽毛也不能动》<br>大班《莲花》（有用的植物）<br>大班《我的妹妹是跟屁虫》<br>大班《好消息坏消息》<br>大班《朱家故事》<br>大班《讨厌黑夜的席奶奶》<br>大班《自己的颜色》（动物大世界）<br>大班《树真好》（有用的植物）<br>大班《白鹤日记》（动物大世界）<br>大班《野猫的城市》（我们的城市）<br>大班《一园青菜成了精》（有用的植物）<br>大班《记录》<br>大班《鱼子非》<br>大班《微生物》<br>大班《不一样的学校》（我要上小学）<br>大班《噼里啪啦碰》<br>大班《河马妹妹买新衣》<br>大班《逛超市》（我们的城市）…… | 和秋冬）<br>大班《夜里什么人不睡觉》（我们的城市）<br>大班《我们的名字》（我自己）<br>大班《做名片》（我自己）<br>大班《秋游计划表》<br>大班《小小采访队》<br>大班《好朋友的信》（幼儿园里朋友多）<br>大班《我的日记》<br>大班《有用的田字格》<br>大班《离园纪念册》（我要上小学）<br>大班《白鹤日记》（动物大世界）<br>大班《猜猜看，谁做了什么》<br>大班《一园青菜成了精》（有用的植物）<br>大班《树真好》（有用的植物）<br>大班《讨厌黑夜的席奶奶》<br>大班《毕业计划》（我要上小学） | | |

2. 语言入学准备活动的实施

在设计和实施语言入学准备活动的过程中,教师可依据幼儿语言入学准备现状和发展需求,采取循环模式、交互模式,以及菜单模式等不同的模式开展活动。

(1) 循环模式

语言核心经验的发展有一定的序列:同样是口头语言活动,谈话活动可能是最基础的口头语言的运用形式;在谈话经验的基础上,幼儿逐步发展出独白语言,开始尝试讲述,谈着谈着,讲着讲着可能就会产生初步的辩论。同样是书面语言活动,幼儿肯定是在丰富的阅读环境和活动中,对符号文字充分感知,积累一定的前识字经验,从而进行多元表征和创意书写。因此教师在实践中可以按照一定的经验发展序列或幼儿发展的需要开展不同类型的活动,积累不同维度的语言经验,循环往复进行,如图1-13。

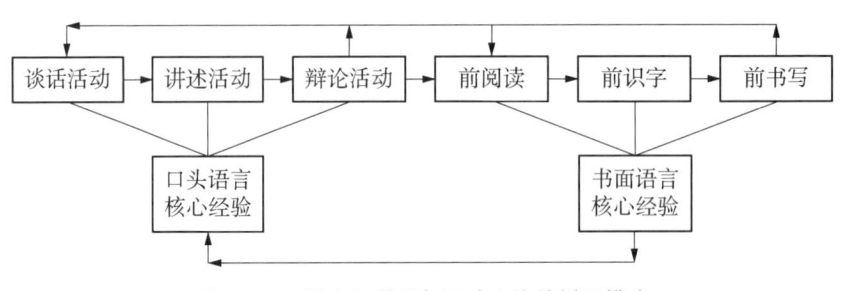

**图1-13 语言入学准备活动实施的循环模式**

以《田鼠阿佛》为例,以下教案是围绕绘本《田鼠阿佛》开展的第二课时的活动。在第一课时绘本阅读活动中幼儿对故事角色和情节有所了解的基础上,研究者旨在通过谈话活动让幼儿尝试围绕话题展开讨论,大胆表达自己的观点。如从换位思考"其他的小田鼠喜不喜欢阿佛?"再到表达自己的感受"你们喜欢阿佛吗?",从而加深对故事中角色行为的感知和理解。活动最后也给予幼儿机会说说喜不喜欢这个故事及为什么,对幼儿在对"阅读内容的表达和评判"方面也有一定的经验提升。

### 大班谈话活动：田鼠阿佛（第二课时）（节选）

**活动目标：**

1. 能围绕话题展开讨论，大胆表达自己的观点，不跑题；
2. 在谈话中进一步理解作品，萌发对作品的喜爱。

……

**活动过程：**

……

三、围绕角色展开讨论，初步理解角色行为

- 重点提问：

1. 故事里其他的小田鼠喜不喜欢阿佛？为什么？

小结1：当小田鼠忙着收集食物，而阿佛在一边没有帮忙的时候，小田鼠们会有点责备阿佛。

2. 那你们喜欢阿佛吗？为什么喜欢（不喜欢）阿佛？（分组同伴间交流，然后请每组派代表说说自己的观点）

小结2：有人不喜欢阿佛，觉得它在同伴都在忙碌时，自己却在一旁偷懒；也有人很喜欢阿佛，觉得阿佛收集的东西与众不同，没准也是很有用的东西。

四、继续听完故事，进一步理解角色行为

- 重点提问：

1. 猜猜看后面会发生什么样的故事？请你们继续把故事听完。（继续听故事至结尾）

2. 听完故事，你对阿佛的态度有没有变化？为什么？

小结：原来阿佛收集的阳光、颜色、词语在冬天里让大家不再寒冷和无聊，小田鼠们都开始觉得阿佛好像有了魔力，好像一个诗人，连你们也改变了对田鼠阿佛的看法。

五、说说我眼中的"故事"
- 重点提问：
1. 你们喜欢《田鼠阿佛》这个故事吗？（幼儿举手投票）
2. 为什么你喜欢（不喜欢）这个故事，请用一句话说说你的理由。

与此同时，幼儿在表达自己喜不喜欢小田鼠的过程中，有人喜欢，有人不喜欢，不同的立场都有自己的观点和理由，接下来可以开展一场关于喜不喜欢阿佛的辩论活动；在辩论活动之后，还可围绕《田鼠阿佛》进行深度阅读，可以采用集体阅读的形式，也可以让幼儿自主阅读。在这一系列的活动中，形成了从前阅读活动到谈话活动，然后到辩论活动，再回到前阅读活动的循环，如图 1-14 所示。

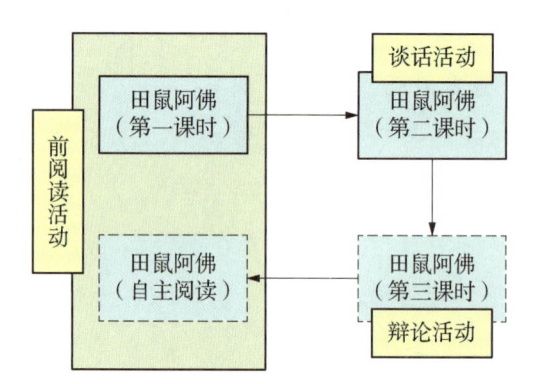

图 1-14 《田鼠阿佛》系列活动中的循环模式

（2）交互模式

正如之前讨论的，对于同一个弱势和问题，可以在不同类型的活动中同时予以关注；在同一活动中，也可以整合不同方面的语言核心经验。也就是说，提升幼儿的语言核心经验，可以在不同类型活动交互开展中进行，如图 1-15。

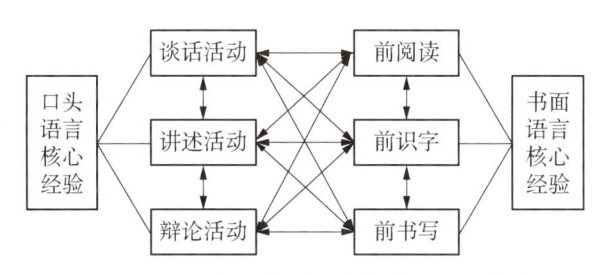

图 1-15 语言入学准备活动实施的交互模式

① 不同活动类型之间语言核心经验的交互

不同活动类型之间可以进行相互交互，从单一活动拓展至多元，彼此交融，相互渗透和推进。如图 1-16，在《动物大世界》主题活动开展过程中，幼儿通过一系列活动的开展，逐渐感知、了解到人类和动物之间的关系，如在开展谈话活动《自然保护区》之后，幼儿之间相互讨论交流濒临灭绝的动物，继而顺势开展相关内容的前阅读活动《白鹤日记》，在阅读的基础上进一步感知世界濒临消失的动物——西伯利亚白鹤的成长历程。除此，进一步开展相关讲述活动《白鹤日记》第二课时，深入了解白鹤外形、本领、生长习性、生长过程等相关内容，帮助幼儿更深层次地了解白鹤的相关秘密。在整个活动开展过程中，幼儿不仅知道了动物和人类的关系，还巩固了谈话、阅读、讲述等相关经验。

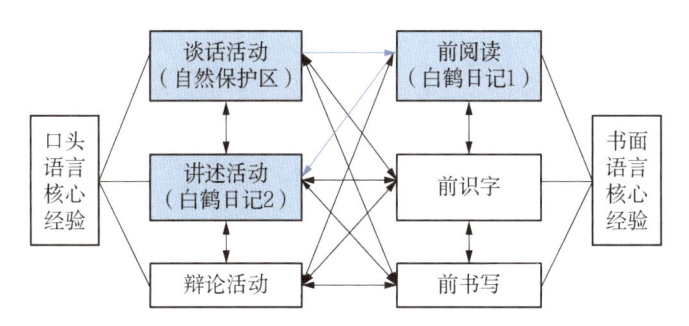

图 1-16 《动物大世界》开展过程中活动的交互示意图

② 同一活动中各语言核心经验之间的交互

同一个活动也可以各环节中渗透不同类型的语言活动，同时从不同

## 夜里什么人不睡觉

### 环节一

1. 引出主题，激发兴趣，重点提问：这是什么时候？从哪里看出来？

   **前阅读、讲述**

   - 尝试完整讲述自己观察、发现的理由。
   - 能有意识地观察画面中的细节，并将细节联系起来。如观察月亮、路灯亮了等，发现是夜里。

### 环节二

1. 观察画面交流发现，重点提问：夜里哪些人不睡觉？他们为什么不睡觉？

   **前阅读、讲述**

   - 准确地观察、解释图画书中主要人物出现的行为及状态的原因，并完整讲述。

2. 画一画图片中夜里不睡觉的人，把他们不睡觉的原因记录下来。

   **前书写**

   - 尝试用前书写方式记录自己的发现，通过纸笔互动践行多元表征。

3. 分享交流：你记录了谁夜里不睡觉？他为什么？你有哪些新发现？

   **前阅读、讲述**

   - 观察、理解其他小朋友记录的内容；完整讲述自己记录的内容，并说明理由。

### 环节三

1. 在我们生活中还有哪些人夜里不睡觉？他不睡觉的原因是什么呢？

   **讲述**

   - 完整讲述我们生活中夜里不睡觉的人及理由。

2. 幼儿自由创意书写、表达。

   **前书写**

   - 能通过"同音""形似"等方法表达更复杂的内容。

3. 分享交流：你记录了谁夜里不睡觉？他为什么？你有哪些新发现？

   **前阅读、讲述**

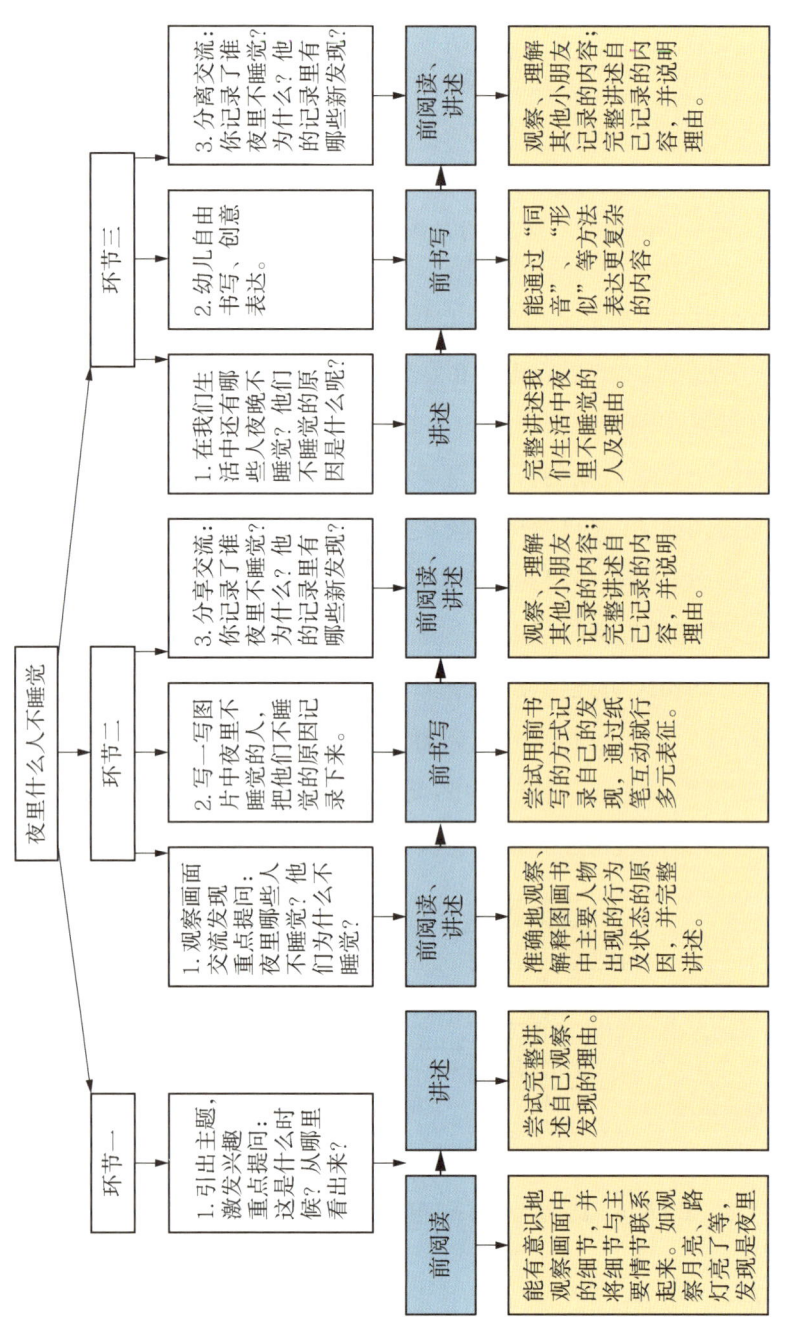

   - 观察、理解其他小朋友记录的内容；完整讲述自己记录的内容，并说明理由。

图 1-17　前书写活动《夜里什么人不睡觉》教案分析

维度积累语言经验,如图1-17。虽然《夜里什么人不睡觉》是一节前书写活动,但通过分析我们发现,在环节中不仅渗透了关于前书写的经验,让幼儿尝试用前书写的方式进行记录和表征,还渗透前阅读、讲述等语言经验,比如活动开始通过绘本导入,通过读图幼儿发现夜晚到底有哪些人还在工作,指向了阅读经验;在交流分享环节,幼儿对自己发现或作品的表述,指向了表达的经验等。前阅读和前书写的经验在这个活动中,很好地与讲述经验发生了互动。这样的互动,对幼儿讲述的流畅性和丰富性都产生了积极的影响,而表达的丰富性又再次带动了幼儿阅读兴趣,扩展了幼儿阅读的经验,提升了前书写表征的复杂性,达成了口头语言和书面语言经验的有效互动。

(3) 菜单模式

在实践过程中,研究者也发现班级与班级间,幼儿个体之间存在一定的语言核心经验发展差异,因此语言入学准备活动的开展没有固定顺序,教师可以根据班级差异和幼儿个体差异,依据幼儿的语言发展特点、兴趣或热点从已形成的活动菜单中选取适宜的活动类型和内容开展活动,着重针对幼儿发展的个别差异积累语言经验,如图1-18。

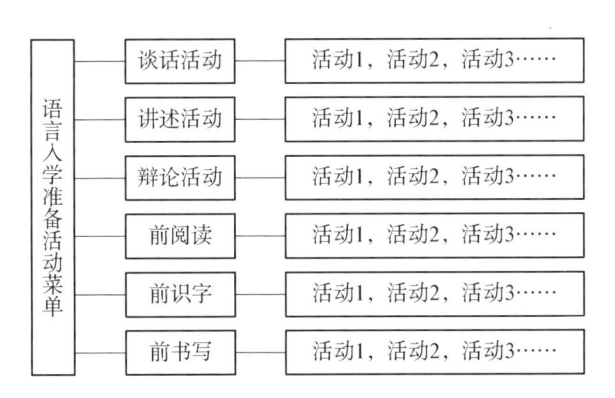

| 语言入学准备活动菜单 | 谈话活动 | 活动1、活动2、活动3…… |
| --- | --- | --- |
| | 讲述活动 | 活动1、活动2、活动3…… |
| | 辩论活动 | 活动1、活动2、活动3…… |
| | 前阅读 | 活动1、活动2、活动3…… |
| | 前识字 | 活动1、活动2、活动3…… |
| | 前书写 | 活动1、活动2、活动3…… |

图1-18 语言入学准备活动实施的菜单模式

如某班级幼儿近期特别热衷于说"臭臭屁"的内容,每次谈及此内容都会哈哈大笑,因此教师可基于班级幼儿有意倾听能力有待提升的现状及近期幼儿的兴趣和热点话题,在菜单中选取适宜的活动进行开展,如选取谈话活动——《哎呀,我噗噗了》,帮助幼儿了解"噗噗"是一件有益于身体健康、一件再正常不过的事情,同时也在好玩、有趣的"噗噗"话题中,帮助幼儿主动参与到大家的谈话中去,提升幼儿有意倾听的意识和围绕话题深入交流的能力;再如近期"垃圾分类"成为热点话题,幼儿对此内容产生了浓厚的兴趣,结合班级幼儿对汉字结构特点和创意、多元表征的经验不足的情况,教师可进一步深入,在上述菜单中选取《绿色贴纸》的活动,在帮助幼儿感知、了解更多生活中绿色环保的生活方式、设计绿色贴纸的同时,也鼓励幼儿尝试用图画、符号、数字、简单的文字等表达绿色贴纸的含义,提升纸笔互动和多元表征的经验,如图 1-19。

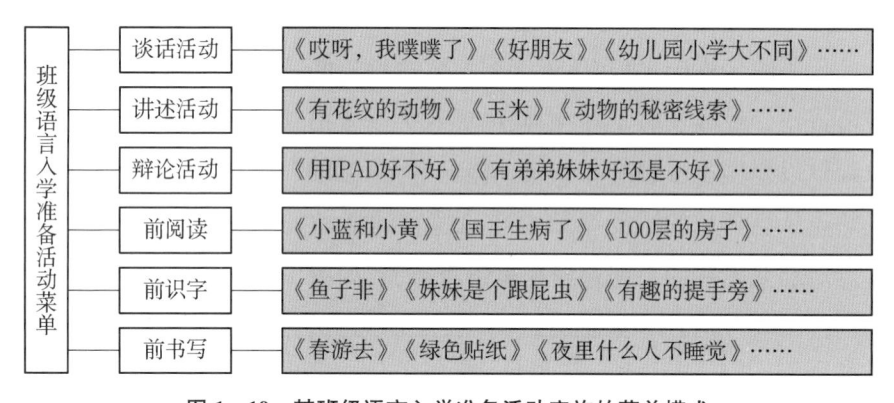

| 班级语言入学准备活动菜单 | | |
|---|---|---|
| | 谈话活动 | 《哎呀,我噗噗了》《好朋友》《幼儿园小学大不同》…… |
| | 讲述活动 | 《有花纹的动物》《玉米》《动物的秘密线索》…… |
| | 辩论活动 | 《用IPAD好不好》《有弟弟妹妹好还是不好》…… |
| | 前阅读 | 《小蓝和小黄》《国王生病了》《100层的房子》…… |
| | 前识字 | 《鱼子非》《妹妹是个跟屁虫》《有趣的提手旁》…… |
| | 前书写 | 《春游去》《绿色贴纸》《夜里什么人不睡觉》…… |

**图 1-19 某班级语言入学准备活动实施的菜单模式**

# 第二章
# 幼儿语言入学准备的班级语言环境支持策略研究

幼儿园是影响幼儿入学准备的一个重要环境,幼儿园班级环境对幼儿语言的发展起到重要的支持和推动作用,创设良好的班级语言环境能够帮助幼儿更好地发展语言能力,在丰富、有趣的材料中产生语言学习的兴趣,受到环境的激发和暗示,鼓励幼儿多交流、表达、记录,积累书面及口头语言的经验。针对第一章先期研究中发现的不足,我们制定了具有六大板块特色的语言环境支持策略,从语言环境的视角为提升儿童的语言入学准备水平提供重要的参考。

## 一、支持幼儿获得谈话经验的班级环境创设

### (一)借助倾听标志——支持有效倾听

根据前期现状研究,发现中班期初幼儿的表达欲望强烈,但在谈话过程中随着谈话对象从一到二到更多,幼儿的倾听意识有所下降,倾听注意力不集中,插话、抢话的现象频繁。一方面这是由于受幼儿年龄特点的限制,以自我为中心,表达欲望强烈,另一方面幼儿本身的倾听意识薄弱,倾听习惯和倾听能力方面教育培养的缺失。因此首先要让幼儿意识到,倾听是沟通的基础,注意听并能听懂是进行谈话的第一步,为了顺利沟通,在听说的过程中要遵守一些规则,这就需要成人通过语言、肢体动作、表情等暗示提醒或直接示范正确的倾听行为。比如在别人说话的时候保持

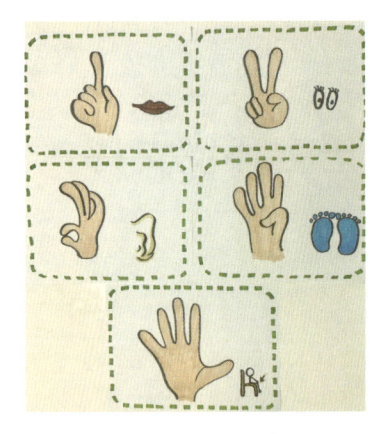

图 2-1 倾听五指标志

眼神交流,眼睛注视对方,解读对方的表情及肢体语言;安静地听对方说话,不轻易打断别人的话;轮流说话,手脚放好,不做其他的事情等。

比如,利用图 2-1 提醒幼儿,不同的手势代表不同的倾听规则,一根手指代表嘴巴闭起来,两根手指代表眼睛要注视讲话的人,三根手指代表耳朵认真听,四根手指代表脚放好,五根手指代表手放好。幼儿跟着一起做出相应动作,如果都做到,就立即和旁边的朋友击掌表示完成。这个活动可以融汇在各类课程中,可作为表示开始倾听的预告,引起幼儿的倾听意识。时常观看墙上的倾听标识,可以帮助幼儿自我检验倾听行为方式,形成良好的倾听氛围。

### (二) 创设主题素材库——拓展谈话经验

在实践中,除了培养幼儿良好的倾听习惯和能力,以此确保谈话顺利进行,还可以创设相应的游戏、语言区角,提供玩具材料,让儿童积极探索身边的材料,乐于和同伴、教师互动,丰富认知经验和生活经验,在谈话活动中有内容可谈,从而主动发起、参与谈话,表达自己的观点,发展谈话活动核心经验。例如在区域活动中,发动幼儿与家长共同制作主题亲子单,汇总形成"班级主题资源素材库"。比如在中班"周围的人"的主题活动中,每位幼儿都根据自己的兴趣选择了一项感兴趣的职业进行《职业大调查》的调查问卷,教师按照职业分类汇编成册,形成班级独一无二的资源库。有了关于职业的认知经验积累,幼儿在日常谈话或集体谈话活动中更加有内容可谈。

图 2-2 幼儿在素材库中查阅资料　　图 2-3 班级主题资源素材库

## 二、支持幼儿获得讲述经验的班级环境创设

### （一）知识可视化——丰富认知经验，讲述内容看得见

根据前期现状研究，本课题组发现幼儿按照一定顺序、完整、丰富讲述的经验不足，当然也是由于学前阶段幼儿的思维水平、表象储存能力、认知能力的有限，他们无法做到完全脱离情境讲述，需要借助一定的凭借物来帮助幼儿获得完整和有条理讲述的核心经验。而思维导图作为一种可视化的工具，是可以用来建构、传达和表示复杂知识的图形图像手段，能够引导幼儿对事物进行更加细致的观察与思考。借助思维导图制作知识网络图，幼儿能够进一步理解事物的形状、特征、功用等特性，或感知事件的过程等，从而积累或丰富幼儿可以说的内容，解决幼儿解决"无话可说"的问题。

比如，幼儿园里的自然角中不光有对动植物的观赏与照顾的内容，也可以对某一种幼儿感兴趣的事物，如菊花，用思维导图进行梳理，那么幼儿在平时照顾和

图 2-4 植物角关于菊花的思维导图

观察动植物的时候,能够看一看、说一说,与版面进行互动,积累更多的认知经验,也为讲述表达提供更丰富的内容和维度。

**(二)借助思维导图——独立构思有参考,语言组织有条理**

在实践中,除了提供知识网络图,引导幼儿全面观察和思考,积累更多的认知经验,也为讲述表达提供更丰富的内容和维度,还可以鼓励幼儿把思维导图作为讲述的凭借物,来提高幼儿独立构思讲述内容的能力,发展幼儿的讲述核心经验。例如在区域活动中,教师尝试融入思维导图帮助幼儿更好地就完成步骤进行说明性讲述,比如在美工区投放折纸或手工作品的步骤图,帮助儿童在学习手工的过程中,积累说明性讲述的相关经验,了解连接词的使用,如:先……接着……然后……再……最后。

图 2-5 美工区制作纸风筝的流程图

**(三)创设表达情境——鼓励幼儿多说多讲述**

除了思维导图,教师也会在教室里创设丰富的表达情境,投放相应的游戏操作材料,鼓励幼儿在操作和游戏中多说多讲述。比如为了帮助幼儿提升进行叙事性讲述的经验,教师会将叙事性讲述中的要素、讲述顺序等通过环境和材料,潜移默化地传递给孩子。教师会利用转盘游戏的形式,让幼儿转一转,说一说,通过这样的方式引导幼儿关注叙事性讲述的三要素:时间、地点、人物,帮助幼儿掌握最基本的叙事内容组织框架,如下图 23;可也通过插卡式的故事背景版,帮助孩子回忆故事情节,在有趣的操作过程中尝试故事讲述。教师还把关键的连接词放在最下方,提示孩子在讲述的时候关注叙事顺序,使讲述的内容组织更加有条理。

图 2-6　故事转盘　　　　　　　　图 2-7　龟兔赛跑

## 三、支持幼儿获得辩论经验的班级环境创设

### （一）选择合适辩题——激发辩论兴趣

幼儿在一日生活中的各个环节，都会有一些问题或现象的产生，而冲突对立的典型问题或现象中就蕴藏着辩论的契机。面对同一件事情，冲突对立的幼儿就是选择着不同的观点，做出了不同的价值判断，因此，教师在一日生活中，可以通过对孩子的细心观察，收集本班级孩子最常发生的冲突对立性事件。或者围绕着不同的主题活动，有意识地引入一些冲突对立性事件。教师利用冲突对立事件来开展辩论，提升幼儿基于观点进行价值判断后辩说的能力。

辩论活动能否顺利展开，辩论内容的选择至关重要。内容的选择应体现幼儿的主体性，选择幼儿有兴趣的合适辩题。幼儿感兴趣的、有生活经验的话题更能激发他们的讨论欲望，引发热烈的讨论甚至辩论，激发幼儿对话题的深度思考。同时，内容的选择应凸显冲突，有利于引导幼儿形成基本的价值准则。对于辩论而言，具有争议性的话题是好的辩题的一个标准，需要凸显冲突，若一个话题没有冲突和争议，也就没有辩论性可言。适当的冲突有利于激发幼儿的思考，学会判断、分辨是非、做出选择。幼儿按照自己的价值判断选择观点，教师宜保持中立的态度，充分尊重幼儿的主体性。下面我们用图2-8的树状思维导图,从生活类、绘本类、新闻类分类梳理了合适的辩题。

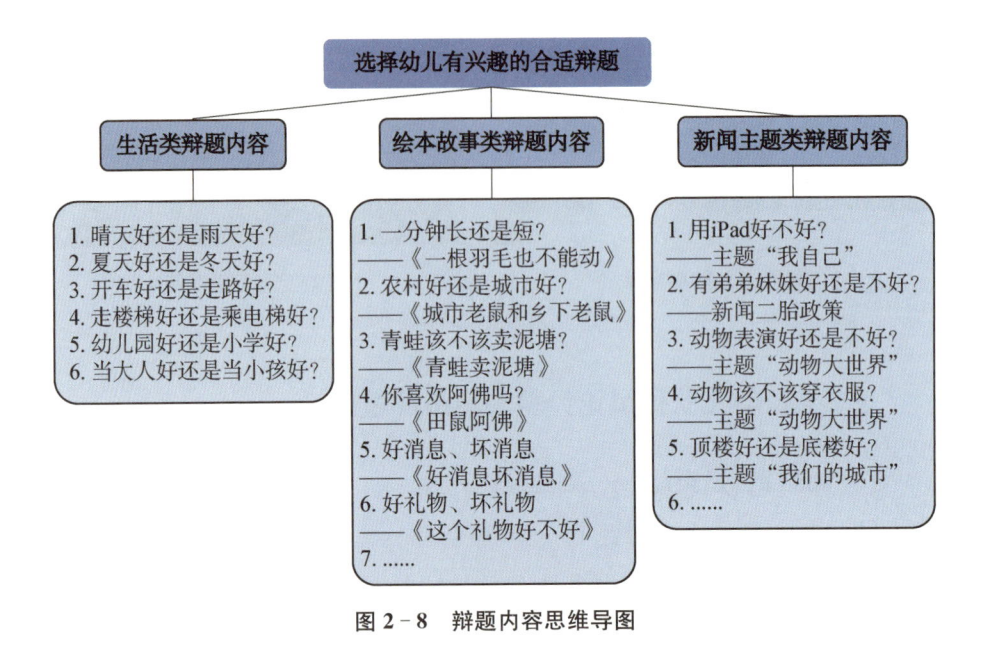

```
                    选择幼儿有兴趣的合适辩题
         ┌──────────────────┼──────────────────┐
    生活类辩题内容         绘本故事类辩题内容      新闻主题类辩题内容

 1.晴天好还是雨天好?    1.一分钟长还是短?      1.用iPad好不好?
 2.夏天好还是冬天好?    ——《一根羽毛也不能动》   ——主题"我自己"
 3.开车好还是走路好?    2.农村好还是城市好?    2.有弟弟妹妹好还是不好?
 4.走楼梯好还是乘电梯好? ——《城市老鼠和乡下老鼠》 ——新闻二胎政策
 5.幼儿园好还是小学好?  3.青蛙该不该卖泥塘?    3.动物表演好还是不好?
 6.当大人好还是当小孩好? ——《青蛙卖泥塘》      ——主题"动物大世界"
                      4.你喜欢阿佛吗?       4.动物该不该穿衣服?
                      ——《田鼠阿佛》        ——主题"动物大世界"
                      5.好消息、坏消息       5.顶楼好还是底楼好?
                      ——《好消息坏消息》     ——主题"我们的城市"
                      6.好礼物、坏礼物       6.……
                      ——《这个礼物好不好》
                      7.……
```

图2-8 辩题内容思维导图

### (二) 提供记录工具——梳理辩论思路

观点是辩论的立足之本,没有了观点就没有了所谓的辩论。在幼儿面对事件做出自己的价值判断后,接下来就是要尝试找出不同的理由来解释证明自己的观点了。由此教师可以尝试提供不同类型的记录工具,来鼓励幼儿从不同角度解释说明自己的立场,梳理自己的思路,从而提高幼儿用批判的眼光一分为二看待事物的能力。

比如,教师可以提供思维导图模型,来帮助幼儿梳理不同理由;可以提供有横线的纸张,来鼓励幼儿按照条目来列出自己的想法;可以提供录音笔,请孩子将理由直接进行表达,然后在反复听的过程中再增加其他理由;同时,如图2-9、图2-10,在语言区,设置辩论角,提供辩论记录本,商讨感兴趣的辩题如"狼和羊你更喜欢谁",用纸笔记录自己的想法,跟同伴交流互

第二章 幼儿语言入学准备的班级语言环境支持策略研究 | 63

图 2-9 辩论活动的场景布置及记分牌

图 2-10 辩论活动的辩题及辩论规则版面展示

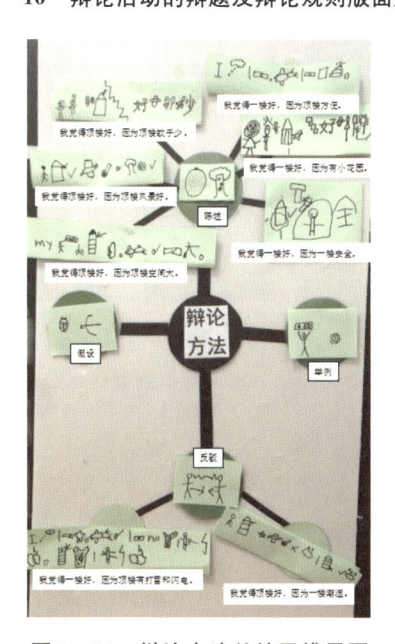

图 2-11 辩论方法总结思维导图

胆表述自己的观点与想法,理解别人的想法并想办法反驳说服对方;在自然角,可以设置专门的版面进行辩论,绿萝是水培好还是土培好?说一说辩一辩水培、土培的优势与不足;在午睡间,有的小朋友喜欢睡上铺,有的小朋友喜欢睡下铺,也可以论一论各自的观点与想法,还能解决日常生活中的小问题。

## 四、支持幼儿获得前阅读经验的班级环境创设

### (一) 巧用信息技术——盘活幼儿园图书室资源

我园有两间幼儿图书室,约5000多本幼儿图书,此外园所每年还在不断采购新的绘本书籍。图书室中的图书对教师和幼儿来说都是丰富的阅读资源。为了保证在日常活动室时间之外,也能充分利用幼儿园的图书室资源,我园建立了人脸识别借阅系统:一方面,幼儿可自主选择将图书室感兴趣的书籍借回班级或借回家中阅读;另一方面,教师也可将符合班级幼儿兴趣、幼儿发展或主题开展需要的书籍从图书室借回教室,从而丰富本班级的阅读资源,支持班级相关活动的开展。图 2-12 是我园人脸识别借阅系统的借阅流程。

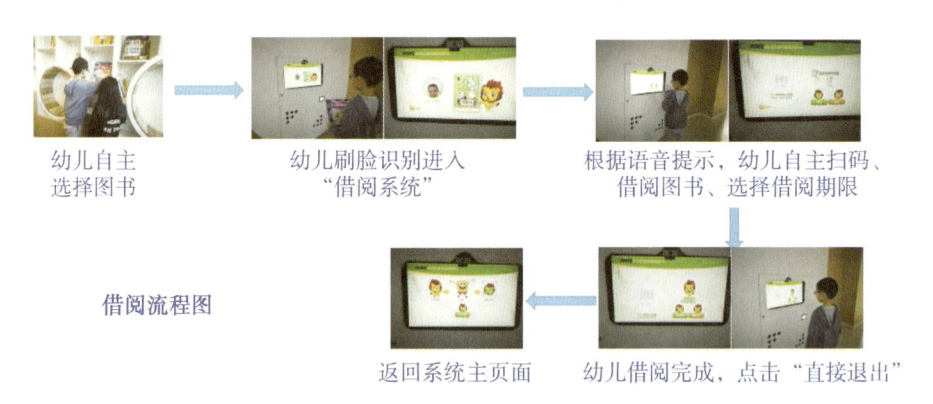

图 2-12 幼儿园图书室人脸识别借阅系统借阅流程图

### (二) 打造班级绘本资源库——支持幼儿阅读经验发展

实践过程中,教师可根据本班级幼儿阅读经验发展现状、阅读兴趣、主题课程开展情况等,形成班级绘本资源库。比如通过前期现状分析发

现,幼儿阅读行为习惯较好,但对阅读内容的理解与阅读策略、对阅读内容的表达与评判则相对薄弱,因此可为幼儿提供情节有趣且流畅,结构完整且画面色彩丰富,容易吸引幼儿的故事类绘本。因为根据已有研究,符合幼儿年龄发展特点和理解能力特点的故事类阅读材料,对幼儿理解能力的提高以及早期阅读能力发展有重要影响。为了引导幼儿感知同一作者或风格的作品特点,则可聚焦同一位作者或同一风格的作品,形成绘本资源库,当然绘本资源库里的绘本是根据幼儿兴趣、发展需求、班级课程开展等不断在丰富和调整的。表2-1为一位中班教师为了引导幼儿聚焦日常较少关注的绘本作者,感知同一作者作品的风格特点,梳理的李欧·李奥尼和安东尼·布朗两位经典图画书作者的作品,形成的绘本资源库。

表2-1 中班深度阅读绘本资源库表

| 绘本名 | 绘本核心价值 | 可结合二期课改主题 |
|---|---|---|
| 我爸爸 | ● 对环衬的认识;<br>● 通过对图片的细致观察和幽默的"类比",感受爸爸的特点和本领;<br>● 体验对爸爸深深的爱。 | 我爱我家 |
| 我妈妈 | ● 对环衬的认识;<br>● 通过对图片的细致观察和幽默的"类比",感受妈妈的特点和本领;<br>● 体验对妈妈深深的爱。 | 我爱我家 |
| 小蓝和小黄 | ● 感知撕纸的作品风格(立体派粘贴画);<br>● 对颜色及其融合后的变化;<br>● 对"自己"与"他人"区别以及友谊和同伴交往的认知。 | 幼儿园里朋友多 |

续 表

| 绘本名 | 绘本核心价值 | 可结合二期课改主题 |
|---|---|---|
| 小黑鱼 | • 感知水彩拓印的作品风格；<br>• 感知团队合作的力量；<br>• 自我认识并愿意思考和发现。 | 幼儿园里朋友多 |
| 自己的颜色 | • 感知水彩拓印的作品风格；<br>• 了解自己、接纳自己，勇于做真正的自己。 | 我自己 |
| 朱家故事 | • 观察画面细节特征，感受隐藏的趣味细节；<br>• 感知故事前后画面和氛围的对比和变化；<br>• 对家庭的责任感。 | 我爱我家 |
| 胆小鬼威利 | • 对扉页的认识和感知；<br>• 感知强壮、自信、善良的关系，即使强大也可以善良和礼貌。 | 身体的秘密 |
| 大猩猩 | • 观察不同情境和情节下，画面的变化；<br>• 感受绘本中幽默的伏笔；<br>• 关于"大猩猩"到底是谁的想象和讨论。 | 在动物园 |

续 表

| 绘本名 | 绘本核心价值 | 可结合二期课改主题 |
|---|---|---|
| 一寸虫 | • 感知拼贴和手绘的绘本风格,以及封面封底的前后呼应;<br>• 感受一寸虫的机智和故事的诙谐幽默;<br>• 了解测量。 | 在秋天里 |
| 鱼就是鱼 | • 感知彩铅素描的作品风格;<br>• 感知鱼的心理变化,尝试理解其想象的内容;<br>• 认识自身的局限,自我认同,勇于接纳自己。 | 我自己 |
| 田鼠阿佛 | • 感知拼贴的绘本风格;<br>• 感知精神和物质,集体和个人的对立和统一;<br>• 大胆表达对田鼠阿佛的看法。 | 寒冷的冬天 |
| …… | …… | |

## 五、支持幼儿获得前识字经验的班级环境创设

### (一)着眼标识与阅读——多途径丰富班级前识字环境

前识字环境不仅局限于文字环境,丰富的图片、图示、标识、文字等,丰富的绘本阅读资源都是班级中前识字环境的一部分。研究者在实践中主要通过以下途径和方式丰富班级中的前识字环境。

1. 丰富班级中的各类标识、图示、文字

多元、有意义的符号呈现让幼儿更加关注前识字环境,也会给幼儿提供更多的感知机会,通过观察、对比,丰富关于文字、符号功能、形式、规则

的核心经验。因此,研究者在实践中注重丰富班级中的各类生活、安全标示;也会尝试通过绘画、图示、思维导图等帮助幼儿梳理某一环节的流程或内容、操作步骤、班级公约等。

图 2-13　班级中的标识和班级公约

2. 创设丰富班级绘本阅读环境

幼儿语言经验的发展是一个整体,前识字核心经验的提升需要大量的感知经验,而绘本阅读就是一个最好的"输入过程"。越喜欢看书,在阅读过程中越会潜移默化获得丰富的前识字核心经验。因此,班级绘本阅读环境的创设对丰富班级幼儿前识字核心经验也十分重要。研究者不仅致力于提升、丰富班级总体的绘本质量和数量,还收集了一些指向前识字核心经验的绘本图书供幼儿阅读。如指向符号表征经验的《兔子先生去

图 2-14　班级中的部分绘本图书 　　图 2-15　绘本《三十六个字》内页

散步》,指向文字演变和汉字象形特征的《三十六个字》等。

### (二) 关注文字规范性——注重幼儿对文字的观察与感知

在环境布置过程中,研究者不会为了追求可爱、好看,使用夸张、变形的字体,而一致使用宋体、黑体等相对标准、规范的字体,这样更便于幼儿观察、感知文字的结构、形式,方便孩子对比不同版面中相同的文字,或者不同文字中相同的部件、部首等。

图 2-16　环境中的文字尽量保证规范

### (三) 注重前识字环境的适宜性——关注前识字环境的有机渗透

1. 关注前识字环境与班级整体环境的"有机"结合

前识字环境与班级整体环境的"有机"结合,是指环境中所有的文字、符号等都不是为了呈现而呈现,而是与整个环境的目的性和功能性相匹配的,比如各区域中为了便于物品整理和归类而呈现的标识,主题墙上的主题名称,自然角中各类植物的名称等,都是为了满足幼儿和版面的功能需求而呈现的。

2. 关注前识字环境中的图文结合或音文结合

除了文字的规范性,与环境的匹配,其呈现的过程也应考虑到幼儿的年龄特点。因此,班级中的文字从来不是单独出现的,而是图文匹配的,

图 2-17 自然角中每种植物都有文字的名牌　　图 2-18 主题墙上文字与小主题内容相匹配

或者利用录音贴纸,实现文字与读音匹配,一方面便于幼儿通过图画或读音感知理解文字的意思;一方面也便于幼儿感知图、文等不同的记录和表征形式。

图 2-19 自然角中的植物名牌既有图文结合的形式也用录音贴纸将文字内容录入的形式

3. 关注前识字环境中幼儿的参与性、互动性

在前识字环境的创设过程中,图片、符号、文字等不应是教师单方面呈现和提供的,幼儿可以发挥主观能动性,积极参与进来,通绘画、"画"话、"写"话等方式,进行多种形式的创意表征。这样不仅激发、增加了幼儿纸笔互动的兴趣和机会,也让幼儿在表征过程中,能潜移默化地感知符

号、文字等的不同记录功能;而幼儿在对其他同伴作品进行"阅读"的过程,也是对图文功能,符号、文字不同形式的感知过程。

图 2-20 幼儿设计的图书角整理公约

图 2-21 班级中的问题墙幼儿可以自由在版面上进行互动

## 六、支持幼儿获得前书写经验的班级环境创设

### (一) 创设宽松的前书写氛围——让幼儿愿意写、喜欢写

中班学期初期,班级幼儿对前书写纸笔互动内容感到陌生,表现为幼儿拒绝或是"无从下笔",甚至对书写有些小小的"害怕"。对于班级整体的发展,教师有义务帮助小朋友们慢慢落实前书写经验,因此本课题组努力推进前书写活动的落实。期间最为关键的就是为幼儿创设宽松的班级前书写氛围,不论是对个别小朋友的指导还是对班级所有孩子的指导,都需要教师用心关注,慢慢引导,不能硬性强迫,要不断鼓励,让幼儿喜欢书写、愿意书写。

**案例:** 一天自由活动,小宝在手工纸上自发记录了一些简单的字母和数字,以及一些图画,兴致勃勃地拿给同伴看,表示这是自己"创作的歌曲",还哼唱了几句。教师走了过去,抓住机会,对小宝进行了鼓励:"哇,小宝,你好棒,这是你写的谱子嘛?我好像看到上面有音符","对,我看过哥哥的谱子,上面就是有音符的,还有 doremi,我也有 doremi!"小宝一边

图 2-22 案例中小宝的记录

用手指着,一边唱给老师听。"是呀,老师觉得你的谱子写得非常棒!一会我们分享的时候你来给所有小朋友介绍介绍可以吗?"分享中,老师和孩子们一起解读了小宝创作的"秘诀",所有的孩子都为小宝鼓掌。

原来,前书写并不难,只要有适当的契机,遇到孩子感兴趣的内容、提供一定的书写材料,给孩子一定的空间,在宽松、自由的氛围中,前书写就自然而然地发生了。

### (二) 提供丰富的"前书写"媒介和工具——支持幼儿自由探索,大胆记录

如何利用教育环境,渗透前书写核心经验,需要教师做大量的实践和探索,需要挖掘幼儿想要表达、需要表达的内容,鼓励幼儿大胆地尝试记录,同时也需要教师在前书写的媒介和工具上进行有效的思考和探索。

1. 对于纸张的探索

不同的阶段,教师可以为幼儿提供不同类型的记录纸,如表格、白纸、折痕纸、划线纸乃至宣纸等,表格的记录相对简单一些,幼儿可以根据表格中的具体内容进行记录,对于纸笔互动经验较少的幼儿而言,非常合适,有助于提高幼儿纸笔互动的意愿和经验。而白纸是幼儿生活中最为熟悉和常见的书写材料,这种材料对幼儿来说可发挥的空间较大,可以随心所欲地用涂鸦、绘画的方式表征和记录,也可以图文并用,有图画、有符号、有简单的文字。另外,幼儿更可以自由剪裁、折叠纸张的样式,为自己制作不一样的书写载体,例如:做成卡片,剪出形状再进行书写等。

而折痕纸、划线纸的提供则有利于暗示幼儿将记录的内容书写成行,能帮助孩子逐渐形成对"文字规则"的经验,支持幼儿"从左到右,从上到下"有顺序地进行表征,逐步感知汉字的结构经验,统一字体和图画、符号的大小。

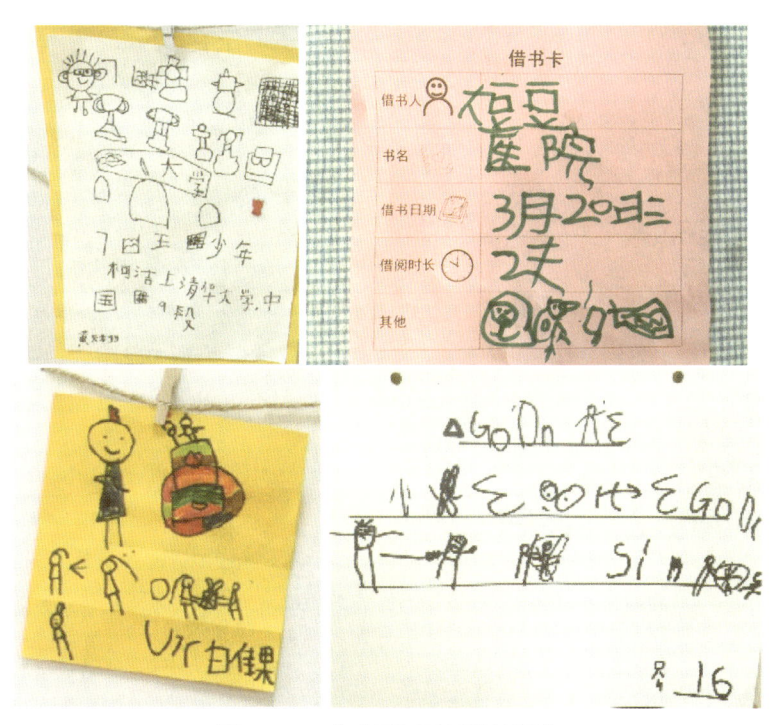

图 2‑23 前书写不同纸张的探索

而在集体活动,针对不同的活动内容,教师还可以在纸张的形式上巧做功夫,选择不同的记录纸样式,让幼儿的前书写更为情境化和趣味性。如在活动《心愿祝福》《猜猜我有多爱你》中,可以提供爱心形状的记录纸,激发幼儿表达爱意、传递祝福的情感。在活动《春游去》中,可以提供小书包形式的记录纸,让幼儿将春游想带的物品和必备的物品填进小书包里,更加有做春游准备的情境。记录纸在形状上发生了变化,幼儿的记录兴趣更为浓厚,主动性更强。

幼儿对记录这件事情产生了兴趣,其后续的纸笔互动经验才能进一步得到提升。因此不断根据内容的变化调整记录纸的类型,对于提升幼儿记录的积极性和主动性是非常关键的。

因此,教师要针对不同幼儿的书写现状和需要,有目的地提供不同的、适宜的纸张,依据活动内容的变化调整记录纸的类型。在此基础上,

图 2-24 前书写不同记录形式的探索

教师还要观察、解读幼儿的前书写作品,给予适时、适宜的支持和引导,帮助幼儿不断获得前书写的核心经验。

2. 使用多元材料进行记录

当然除了最基础、最常见的纸和笔的记录形式之外,我们也为幼儿提供软笔、竹片、沙盘等不同的记录工具,来进一步激发幼儿对书写记录的喜爱,帮助幼儿养成书写的习惯。

通过多元、丰富的记录材料,幼儿能更加充分地感知不同记录材料的质感,幼儿也能体会在普通的纸上书写和在宣纸、竹片、沙盘、电子白板上的书写的不同感觉和效果呈现。在不同材质的书写记录下,幼儿的纸笔互动经验得到进一步的巩固。

第二章 幼儿语言入学准备的班级语言环境支持策略研究 | 75

图 2-25 前书写的多元材料探索

# 第三章
# 幼儿语言入学准备的组织策略研究

除了创设良好的班级环境,教师的活动组织和指导策略也关系到幼儿语言学习的有效性。幼儿园的一日生活中充满了语言教育机会,我们在不同的情景和环节中观察幼儿语言学习的状态,在与幼儿的交流互动中留意他们的语言学习核心经验,在此基础上形成了一些活动组织策略,来促进幼儿语言经验的储备。

## 一、促进幼儿谈话经验发展的活动组织策略

### (一) 在一日生活和集体谈话中选择幼儿熟悉且有一定经验积累的谈话主题

幼儿在一日生活各环节,无时无刻不在进行着谈话,一个有趣的中心话题需要大部分幼儿都要有相似的经验,或独特的经历,才能在谈话中能有所表达。其次,中心话题还应该是有趣的,可能是刚刚发生的事情,来源于现实生活。以日常谈话话题和集体谈话话题为例。

1. 日常谈话话题

教师在一日生活中可以根据幼儿正在进行的生活事件,与不同人数的幼儿进行谈话,当幼儿间出现争论时,教师还可借助这个机会让争论双方进行表述,并让一方对另外一方的说法进行回应,同时鼓励其他幼儿参与到谈话中,进行适时的补充建议。比如在幼儿的一日生活中,哭往往是

他们表达情绪最常见的方式,他们哭的频率相对成人高很多。但我们成人经常会在孩子哭的时候疏忽幼儿当下的情绪表达和梳理,往往会导致幼儿觉得哭是一件非常不好的事情,会压抑自己的情感,或是对正在哭的自己有挫败感,形成自我否定。因此通过一次偶然的机会对这个话题展开深入讨论,帮助幼儿了解哭是一种正常的情绪表达方式,不需要掩饰、逃避,并通过谈话的深入,能勇敢地面对自己不好的情绪。日常生活中,还有很多幼儿感兴趣的中心话题,对此,本课题组梳理的日常谈话话题如下:

表 3-1 中班日常谈话话题资源库(非主题)

| 日常谈话环节 | 话 题 |
| --- | --- |
| 来园 | 早餐;穿戴;出行方式;新鲜事;礼貌常规;游戏选择 |
| 自由活动 | 学习活动内容延伸;家里的事;兴趣班;玩具交流;自然角变化;绘本交流 |
| 餐前 | 当天的食物;餐前准备;餐具的使用;用餐礼仪 |
| 散步 | 讨论散步地点;安全注意;所见所闻;礼貌问候 |
| 过渡 | 上一环节的总结反馈;下一环节的准备推进;上一环节的趣事和感想 |
| 离园 | 对集体学习活动内容的回顾;当天的常规安全问题的强调;事务通知 |

2. 集体谈话话题

作为教师,我们不难发现平时的谈话活动总是随着主题教学计划的开展而延伸出来。教师主要根据教学内容、时令节气、突发事件,甚至是新闻逸事等,选择幼儿熟悉并且有着一定经验积累的谈话主题大类。具体的谈话主题,可以是幼儿自主自发生成的,也可以是师幼共同讨论决定的,我们可以从幼儿感兴趣的话题中筛选有价值的内容,然后根据活动及目标需要组织专门的集体谈话活动。例如:中班谈话活动《树洞,我想对你说……》借助绘本故事《皇帝长着驴耳朵》,引出"树洞"这一可以倾诉秘密的载体,引导幼儿初步了解与人吐露心中秘密后的畅快,以及别人向自己说出心中的秘密后可以如何安慰朋友；采用集体——小组——再集体的谈话方式，既能满足不同谈话水平幼儿的需求，又能调动幼儿谈话积极性与参与主体性。同时，通过三个小环节（了解"树洞"的作用——向"树洞"说出秘密——愿意和老师、同伴分享秘密），层层推进，帮助幼儿建立可以与亲近的人分享心中秘密的意识，让幼儿感受可以与人倾诉的快乐。

表3-2　中班日常谈话主题谈话话题资源库（二期课改主题）

| 大主题 | 二期课改主题 | 谈话话题 |
| --- | --- | --- |
| 我 | 身体的秘密 | 1. 身高、体重、学到的本领、小时候的用品（谁用的？怎么用的？现在还用吗？为什么？）<br>2. 盲人、聋哑人的不便之处——缺少五官的任何一个部分，会发生什么事情？<br>3. 怎么保护五官？<br>4. 年龄大的人一定比年龄小的人长得高吗？ |
| 人与社会 | 周围的人；<br>幼儿园里朋友多；<br>我爱我家 | 《我爱我家》<br>1. 家庭成员、本领、爱好、生肖、工作职业<br>2. 怎么照顾生病的家人？<br>3. 如何关心长辈、分担家务（家人怎么爱我，我怎么爱家人）<br>《幼儿园里朋友多》<br>1. 你的好朋友是谁？他长什么样子？有什么本领？爱好？你为什么喜欢他？<br>2. 怎么交朋友？<br>3. 和朋友不开心了怎么办？<br>4. 告状行为（什么事情要告诉老师？什么事情可以自己解决？）<br>5. 分享玩具<br>6. 班级公约（共同讨论和制定）<br>《周围的人》<br>1. 有哪些职业？具体干什么的？为我们带来方便？<br>2. 送货员（工作的时间、物品、装备、与我们的关系）<br>3. 什么是演员？怎么排练？怎么演？（道具、音乐、流程、剧本）<br>4. 建筑工人（安全标记的意义、服装、如何搭建）<br>5. 用什么样的材料造一幢坚固的房子？ |

续　表

| 大主题 | 二期课改主题 | 谈话话题 |
| --- | --- | --- |
| 生活环境 | 交通工具；<br>常见的用具；<br>我在马路边；<br>玩具总动员 | 《交通工具》<br>1. 见过哪些交通工具？知道它们的特征和作用<br>2. 乘坐交通工具的规则、礼仪、服务<br>《常见的用具》<br>1. 家里有哪些用具？幼儿园有哪些用具？名称、作用、使用方法、安全须知、爱护方法<br>《我在马路边》<br>1. 马路上有什么车？有哪些特征？用途？<br>2. 马路边的标志<br>3. 交通规则<br>4. 怎么进行垃圾分类？<br>《玩具总动员》<br>最喜欢的玩具？玩法？玩具都是孩子玩的吗？ |
| 动物 | 在农场里；<br>在动物园里 | 《在农场里》<br>1. 家禽和家畜的区别？（外形特征、习性、生活环境）<br>《在动物园里》<br>1. 动物的有哪些本领？有翅膀的动物都会飞吗？哪些动物没有牙齿？<br>2. 怎么照顾小动物（金鱼、乌龟）<br>3. 动物都要睡觉吗？睡觉的时候眼睛都是闭着的吗？ |
| 天气季节 | 春天来了；<br>在秋天里；<br>火辣辣的夏天；<br>寒冷的冬天 | 《春天来了》<br>1. 大自然的变化、动物的变化；节气<br>2. 春天有哪些花？名称、颜色、外形<br>3. 为什么要在春天种树？<br>4. 种子长大需要什么？<br>《火辣辣的夏天》<br>1. 防暑的办法<br>《在秋天里》<br>1. 秋天收获哪些果实？秋虫；麦子和稻子区别？<br>2. 水果的果核长在哪里？<br>3. 中秋节的来历、习俗？<br>《寒冷的冬天》<br>1. 什么是冬眠？哪些动物需要冬眠？如何冬眠？<br>2. 动物过冬的方法？<br>3. 我们如何过冬？<br>4. 怎么让自己暖和起来？<br>5. 怎么过新年？过年的习俗？生肖？ |

续　表

| 大主题 | 二期课改主题 | 谈话话题 |
|---|---|---|
| 植物 | 中班：好吃的食物 | 《好吃的食物》<br>1. 食物的分类<br>2. 哪些菜可以生吃？哪些必须煮熟了吃？<br>3. 食物的作用<br>4. 绿色食品都是绿色的吗？ |
| 水 | 中班：水真有用 | 《水真有用》<br>1. 哪些地方有水？（大自然、人体、生活用水）<br>2. 水是什么样的？<br>3. 水的用处？ |

### （二）善用提问，促进谈话话题展开和深入

无论是在低结构谈话活动还是高结构谈话活动的推进过程中，提问是激发和推进谈话的重要手段，教师在谈话过程中，通过不同类型的提问方式确保谈话主题的不断深入，从而助推幼儿倾听理解力的发展。谈话活动中教师的提问方式，梳理如下：

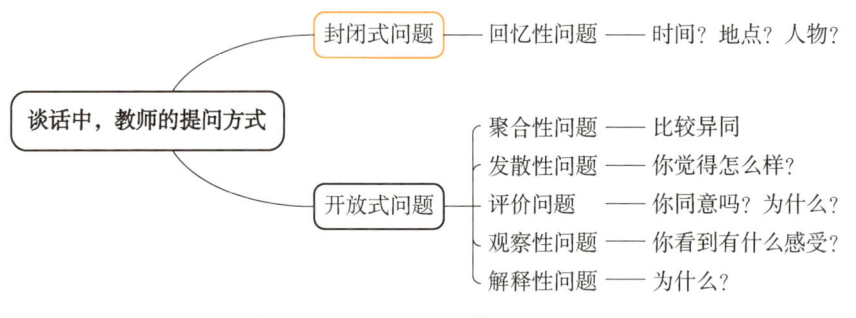

谈话中，教师的提问方式
- 封闭式问题 —— 回忆性问题 —— 时间？地点？人物？
- 开放式问题
  - 聚合性问题 —— 比较异同
  - 发散性问题 —— 你觉得怎么样？
  - 评价问题 —— 你同意吗？为什么？
  - 观察性问题 —— 你看到有什么感受？
  - 解释性问题 —— 为什么？

图 3-1　谈话活动中教师提问方式

在实践研究中，教师通过低结构与高结构活动相结合的方式，在谈话活动中使用不同类型的提问，对幼儿实施干预、激发和推进谈话。以一次日常谈话"大话胖瘦"为例。

**案例实录**

自由活动时间，几名幼儿围在一起讨论一本图画书，但是并没有针对书的内容进行讨论，只是单纯的在讨论书中图画上的一个胖胖的大力士，一个小朋友指着给其他小朋友看，哈哈笑着说：你们看这个人好胖好厉害啊。另外一个小朋友说：他是大力士，可以举起很重很重的东西。然后有一个小朋友说：我爸爸也很胖，他可以拎很多东西，还可以举起我。还有一个小朋友就说：我爸爸不是大力士，他很瘦的，就爱睡懒觉。

师：你们见过最胖的人是谁？

幼1：大象最胖，因为它比我爸爸肚子还大。

幼2：不对，我觉得大海是最胖的，因为它比什么东西都胖。

幼1：可是大象很胖很胖，我爸爸都打不过它。

幼3：我爸爸就很胖，他一把就把我举起来了。

幼4：我觉得最胖的是猪八戒，因为他太能吃了。

幼5：最胖的是熊，因为它太懒了，总是不动。

师：那你们见过最瘦的人是谁呢？

幼1：最瘦的是猴子，因为它成天都在运动。

幼2：我家有只小兔子，特别瘦，因为我们家的胡萝卜太少了。

幼3：我爸爸很瘦，长得很帅！

幼4：我觉得最瘦的人应该是运动员，或者是耍剑耍得很好的人，他们一直在动。

师：刚刚你们分别说了见过最胖的和最瘦的人，有的小朋友还说出了它胖或者瘦的原因。比如胖是因为吃得多，力气大，瘦是因为运

> 回忆性问题：每位幼儿对于"胖"的理解不同，容易产生不同的意见，更能激发后续谈话。

动得多，吃得少。其实胖和瘦就是人的一种生活状态，它就在我们周围。

师：你们觉得胖好还是瘦好呢？——聚合性问题：引导幼儿比较两种信息的异同或寻找之间的关系。

幼1：瘦不好，如果太瘦了就会被大风吹跑。

幼2：我想当胖宝宝，因为胖宝宝有力气可以开挖掘机。

幼3：瘦抱不动人，胖就有力气，能抱两个小孩。

师：原来胖的人有一个本领就是力气大，瘦的人力气就会相对小一点。

幼4：胖宝宝不能坐船，会容易沉下去。

幼3：可是胖宝宝力气大，能提很多东西。

幼5：但是瘦宝宝吃不下太多，吃很少的饭，一会就饿了。

幼4：我想当瘦宝宝，因为瘦宝宝好看，会长大高个。

师：原来小朋友们认为瘦的人也有本领，就是看起来好看，而且坐船还不会沉下去。

师：刚刚小朋友们讨论了胖和瘦都有好和不好的地方，其实胖和瘦都是一种正常的生活状态，我们只要健康就行，胖和瘦都没关系的。

师：如果我们所有人都变成大胖子，你——发散性问题：引导幼儿预测、推理的问题，鼓励幼儿大胆想象，畅所欲言。

幼1：那这个世界充满了吃的。

幼2：会很麻烦，每个胖的人都会踩到我的后背，会很疼。

幼3：我们是小朋友，小朋友太矮了，胖的人就看不到我们了。

幼4：我觉得会丑丑的，还怪怪的。

幼5：胖宝宝那样幼儿园就放不下我们所有的小朋友，我会被挤出去的。

师：那如果我们所有人都变成了瘦子，你们觉得会怎么样？——

> 幼1：如果我活在瘦子的世界，我会觉得非常害怕，因为他们瘦的只剩下骨头了。
>
> 幼2：我想生活在瘦子的世界，因为瘦的人比胖的人高一点点。
>
> 师：那也不一定哦，不是每个瘦的人都会长很高，有些瘦的人很矮，有些胖的人也会长很高。
>
> 幼3：如果生活在一个瘦子的世界，我觉得到处都是跑步机，都在跑步。
>
> 幼4：生活在瘦子的世界，总有怪物出来抢他们的吃的，来追他们。
>
> 幼5：如果都是瘦子，那就没有人需要减肥了。
>
> 师：其实我们生活中有胖子也有瘦子，互相对比才显得出来。如果都变成胖子或者都变成瘦子就看不出来是胖还是瘦了。

在日常谈话活动中，教师的作用是观察和引导，主要通过引导性提问和总结进行，并适时提醒幼儿一些倾听和表达规则。教师的提问要具有开放性，并认真观察和倾听小朋友的谈话，在每一个问题后都针对所有小朋友的回答进行引导性总结，顺着幼儿的想法做出进一步预设性的提问，有效促进幼儿间多方信息交流，围绕主题深入展开。

**（三）教师示范正确的倾听行为，帮助幼儿掌握倾听规则**

谈话的核心经验中，良好倾听习惯和能力的养成是学前儿童谈话经验发展的难点。中班期初通过观察分析幼儿行为发现幼儿插话、抢话的现象频繁，幼儿遵守倾听规则意识薄弱。倾听规则的掌握需要教师在教学和日常生活过程中提出相应的要求来帮助幼儿了解自己应该怎么做，并通过教师的示范和儿童的练习来帮助儿童掌握、巩固既定规则。研究者从教师角度分别梳理了在谈话前、中、后需要注意的倾听规则教育，具体如表3-3。

表 3-3 谈话过程中的倾听规则教育

| 谈话阶段 | 倾 听 规 则 |
|---|---|
| 谈话前 | 教师向幼儿讲解谈话过程中的基本规则：<br>① 要注意听别人说了什么；<br>② 等别人说完之后举手示意发言；<br>③ 不能在谈话中批评别人等。 |
| 谈话中 | ① 教师可以用眼神和手势等方式提醒幼儿注意倾听；<br>② 用言语提示幼儿现在应该轮到谁讲；<br>③ 通过眼神、手势动作、语言等方式暗示幼儿不插话、抢话，发言要举手。 |
| 谈话后 | ① 及时地、具体地表扬活动中遵守倾听规则的幼儿；<br>② 通过照片、视频的形式进行榜样示范。 |

## 二、促进幼儿讲述经验发展的活动组织策略

### （一）结合凭借物——增加讲述活动开展频率，促进核心经验的理解与获得

以说明性讲述为例，相对于叙事性讲述而言，说明性讲述这语言类型较少出现在幼儿文学作品中，与幼儿日常生活中的常用语言也差异较大，使用场合较少，比较容易被忽略。而说明性讲述中的一些内容组织方式和语言特点不是幼儿通过日常的交流能够自然习得的，还是要通过教师有意识的引导和有效的教学来帮助幼儿认识和运用这一种讲述形式。

为了帮助孩子做好说明性讲述的经验准备，教师要在集体活动中增加说明性讲述活动的开展频率，适时借助思维导图，帮助儿童梳理思路、归纳要点，引导儿童完整讲述。集体活动的选材可以是来源于上海市二期课改学习活动中主题背景下适宜的素材，可以是儿童的兴趣热点，可以是科学知识类的图画书等等，都可以作为集体活动的内容，借助实物、图片、视频，辅以思维导图，帮助儿童获得说明性讲述的核心经验。

表3-4 结合思维导图开展的集体活动情况表

| 说明性讲述集体活动名称 | 使用到的思维导图的类型 |
| --- | --- |
| 《呀！屁股》 | 气泡图 |
| 《五颜六色的垃圾箱》 | 气泡图 |
| 《从稻谷到大米》 | 流程图 |
| 《玉米》 | 气泡图、括号图 |
| 《搬过来搬过去》 | 双重气泡图 |
| 《交通工具》 | 树状图 |
| 《走开绿色大怪物》 | 圆圈图 |
| 《土豆》 | 气泡图、流程图 |
| 《纸真好玩》 | 流程图 |
| 《小粽子小粽子》 | 气泡图 |
| …… | …… |

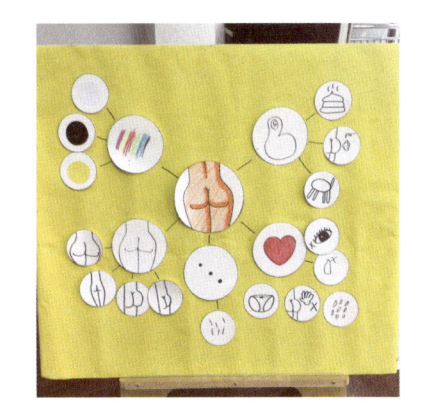

图3-2 在《呀！屁股》中使用思维导图

图3-3 在《小粽子,小粽子》中使用思维导图

## (二) 巧做经验准备——搭建支架,让幼儿有备而讲

讲述是幼儿综合语言能力的体现,不论是叙事性讲述还是说明性讲述,都需要幼儿对讲述的内容和对象有充分的认识与了解,才能有话可

讲、有内容可讲。因此，教师在开展讲述活动时首先要帮助幼儿做好充分的经验铺垫，达成认知上的准备。例如，在讲述物体的时候，提供实物或者图片，唤起幼儿的已有经验，让幼儿充分地从视觉、触觉、嗅觉等方面直接感知物体。在此基础上，幼儿讲述的内容、维度才会更为丰富，在发展幼儿的认知水平的同时，提高其说明性讲述的能力。再例如，在讲述某一操作过程的时候，就需要幼儿按照一定的逻辑顺序来组织讲述内容，可以先提供一些操作过程的视频或老师直接示范，让幼儿有一个直观的感受，接着再请幼儿自己一步一步操作，在这个过程中，能够加深幼儿的理解，促进他们将讲述的内容内化，帮助他们更有条理地进行讲述。

其次，为幼儿搭建合理的支架，促进幼儿语言的构思与表达，让幼儿有据而讲。例如，借助不同形式的思维导图，能够更好地帮助幼儿搭建讲述的框架、构思讲述内容、整理讲述顺序，从而完整地进行讲述。

以大班说明性讲述活动《玉米》为例。

---

## 大班说明性讲述活动：玉米

……

活动过程：

一、看玉米，感知玉米衣的外形特征

1. 春末夏初，刚好是玉米生长和上市的季节，今天我们就要来说一说玉米。

2. 出示实物玉米，引导幼儿观察玉米衣。

重点提问：看一看，摸一摸，说一说，玉米的最外面有什么？玉米衣是什么样子的？（根据幼儿回答，同步梳理"玉米衣"的思维导图）

小结：玉米的外面是玉米衣，玉米衣是一层一层的，薄薄的……包裹着玉米，可以起到保护玉米的作用。

二、剥玉米，了解玉米内部的特征

1. 玉米衣里有什么、什么样，我们一起剥开来看一看！

2. 幼儿每人一根玉米，操作观察，教师巡回指导。

3. 共同感知讨论玉米的内部特征，继续完善思维导图。

重点提问：你发现了玉米里面有什么，是什么样子的？

（教师与幼儿共同梳理完成气泡图并请个别幼儿尝试连贯讲述）

4. 请个别幼儿讲述玉米一个部分的特征及作用。

三、说玉米，尝试按一定顺序完整介绍玉米

1. 你们想不想也来说一说玉米？今天老师也给你们提供了一张图，一会你们可以试着自己摆一摆、记一记、说一说。

操作要求：

1）3个小朋友一组，一个摆、一个记、一个说，互相商量着完成；

2）想一想思维导图的中间是玉米，旁边的圆里应该是……，它们的特征和作用该记录在……

3）你们也可以记录刚才发现的关于玉米每个部分的特点，也可以发现更多不一样的特点，这样可以帮助你们说得更清楚更完整。

2. 分小组，尝试自主构建思维导图并在集体面前讲述。

小结：原来思维导图可以帮助我们按照一定的顺序把玉米介绍得又清楚又完整。

……

第一个环节中，教师出示实物玉米，引导幼儿观察玉米的外部特征，让幼儿看一看、摸一摸、说一说，玉米的最外面有什么、玉米衣是什么样子的，再将幼儿零散的回答同步梳理成关于"玉米衣"的思维导图，鼓励幼儿以梳理出的思维导图为凭借物，完整讲述玉米衣的外形特征、作用等；同时也将这种思维导图的运用方式潜移默化地传递给幼儿，让幼儿了解如何整理零碎的信息,归纳讲述内容,从而进行完整的讲述。

在环节二中,教师请幼儿自主剥开玉米,了解玉米内部的特征。在操作过后,共同讨论自己见到的、摸到的关于玉米的内部特征,老师继续将孩子零散的回答梳理进一张关于玉米的思维导图中。老师通过重点提问:你发现了玉米里面有什么,是什么样子的?激发幼儿的思考和讲述,鼓励幼儿表达自己对玉米的认知与发现,最终请个别幼儿借助师生共同梳理完成的气泡图尝试连贯、完整的讲述。

在这个过程中,通过亲手操作剥开玉米去看一看、摸一摸玉米的各个部分,幼儿能更全面地观察和感知玉米的形态,积累讲述的内容。同时,教师帮助幼儿获得玉米各部分的规范名称,例如:玉米衣、玉米须、玉米粒、玉米芯,引导幼儿使用规范准确的词句,推动幼儿讲述的核心经验中"根据不同的讲述类型使用适宜的词句"经验的获得。

在环节三中,幼儿对玉米已经有了一定的认识,此时教师希望引导幼儿尝试更加有条理地,按一定顺序完整介绍玉米,可以是从里到外的顺序,也可以是从外到里。于是教师提供了空白的括号图(通常用于表示事物的组成),请幼儿分组,摆一摆、记一记、说一说,鼓励幼儿尝试自主构建思维导图并在集体面前讲述,从而训练"理解不同讲述类型的内容组织方式","以"独白语言的形式进行讲述"两条核心经验。

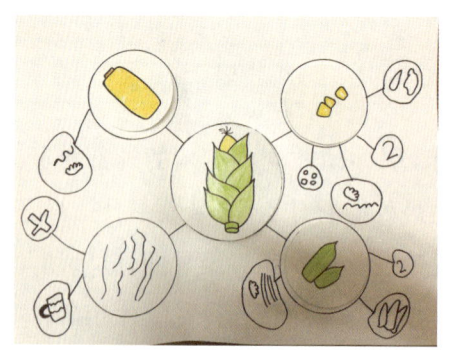

图 3-4　幼儿自主分组完成的玉米思维导图　图 3-5　幼儿自主生成的关于玉米的括号图

### (三) 充分利用契机——逐步巩固幼儿讲述核心经验的发展

在设计与组织有针对性的讲述类型集体活动中,教师针对幼儿的具体需要与现有水平,围绕讲述的核心经验有的放矢、层层深入地引导幼儿进行讲述,积累与相关经验。除此之外还要关注一日生活中的各种契机,为幼儿提供并创造学习及运用讲述经验的机会,让集体活动的设计与幼儿日常讲述、交流的情况形成一个相辅相成、循环交互的关系。

教师通过幼儿在日常交谈、游戏以及其他环节中在同伴或集体面前讲述的情况,依此为判断,了解幼儿目前的讲述经验水平,确立集体活动的目标定位,设计相应的活动方案,促进幼儿讲述能力的发展。在集体活动开展之后,幼儿学习到新的核心经验,则又可以在日常交谈、游戏以及其他环节中,在同伴或集体面前讲述时运用到这些经验,从而得到运用和巩固。

## 三、促进幼儿辩论经验发展的活动组织策略

### (一) 关注辩论规则——推动辩论深入开展

1. 用恰当的方式引出辩论话题

形式多样的导入方式有利于激发幼儿辩论的兴趣与积极性,因此,教师可以用恰当的方式引出辩论话题,如生活类辩题可以用谈话的形式导入,在"开车好还是走路好"活动中,教师可以用谈话的形式勾起幼儿的生活经验,幼儿通过回忆平时使用的交通工具方式带入辩论的情境中,从而进行思考和判断,给出自己的态度和观点。绘本故事类辩题可以用幼儿接受的讲故事的形式来导入,新闻类辩题可以用相关的新闻视频导入,创设教学场景,让幼儿有直观的感受与体验。

2. 帮助幼儿围绕话题展开辩论

首先,辩论是由一个话题引发的,幼儿首先要理解讨论的话题并对此有自己的判断;其次,在理解的基础上,坚持自己的观点并用不同的理由来解释证明自己的观点;最后,能在有质疑、有反驳的情况下,多角度地坚

持自己的观点,针对不同观点进行反驳。

学龄前儿童辩论有一个显著特点,就是随意性强,在坚持自己的观点并找出不同理由来解释自己观点这方面能力较弱,容易被对方带跑偏,很有可能出现天马行空的辩论现象。因此,帮助幼儿围绕话题进行辩论,是辩论活动能够正常推进的重要基础,教师可通过一些方法与策略帮助幼儿获得这一辩论核心经验。首先,教师可以通过谈话讨论或试教了解幼儿已有认知,预设幼儿将从哪几个角度进行辩论,然后在辩论活动开展时,及时梳理幼儿的发言,将他们拉回到辩论的核心问题上,如用"我认为……因为……"的句式,阐述观点+理由,引导幼儿围绕话题展开辩论。其次,由于学龄前儿童是具体形象思维,教师在教学场景布置上可设置成按照不同观点分开而坐的形式,也可以用纸笔记录的方式帮助幼儿更直观有效地进行梳理。

以辩论活动"用IPAD好不好"为例,教师在活动前的预设与活动中的梳理如图3-6的树状思维导图。

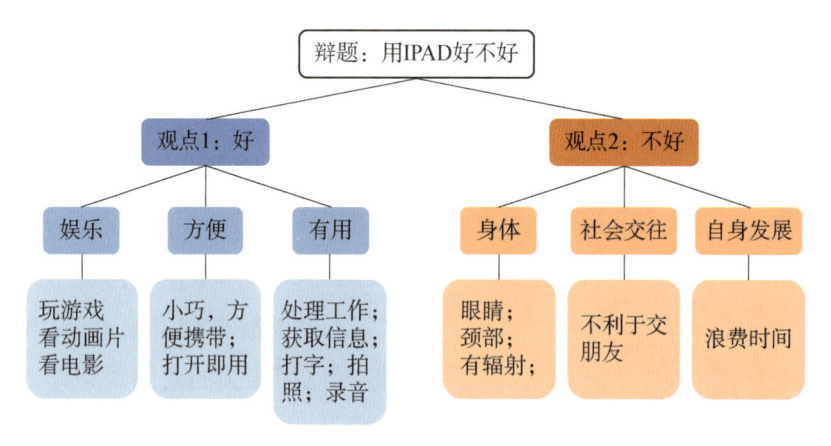

图3-6 辩论活动"用IPAD好不好"

3. 按照一定的规则进行辩论,注意保持辩论各方话语均衡

辩论活动不仅对幼儿来说难度较大,对教师来说也富有挑战,因为辩论活动中不可控因素太多,若处理不当,很可能导致教学中断无法继续下

去。因此,研究者总结了一些辩论活动中可能出现的情况与对策:

表 3-5 辩论活动中可能出现的情况与对策

| 辩论中可能出现的情况 | 对　策 |
| --- | --- |
| 1. 出现一边倒的局面,持不同观点的人数相差过大,无法正常开展辩论。 | 1. 教师通过开放式提问或反问等方式引导幼儿思考,不盲从。<br>2. 请人少的一方邀请对方的朋友参加。<br>3. 若完全一面倒,教师可作为对方辩手,或者用加分、奖励等方式鼓励。(这种情况极少) |
| 2. 交流时插话、抢话,想尽快表达自己的观点,而不关注别人的观点。 | 1. 教师在辩论活动前,告诉幼儿具体的辩论规则,如"你听我说"的"陈述辩论"环节和"你说我辩"的"自由辩论"环节,都有相应的规则,要求轮流发言,尊重对方。<br>2. 辩论活动中,倾听是基础,提醒幼儿理解性倾听,如安抚插话幼儿"你们可以先想一想,等会儿怎么反驳他"。 |
| 3. 辩论过程中幼儿语音语调过于蛮横,容易情绪激动。 | 1. 引导幼儿学会控制自己的情绪,知道辩论是说服对方,以理服人,而不是靠声音压倒对方。<br>2. 引导幼儿用自然的声音、礼貌的语句表达自己的观点,尊重别人,使用文明用语发表不同意见。 |

当然,在辩论过程中,教师或组织者应保持中立的态度,实现双方发言机会的均等;当教师或组织者过于肯定一方时,另一方的幼儿可能很难坚持自己的观点,辩论活动就很难继续开展下去。

### (二) 总结辩论方法——拓展辩论经验

在辩论活动中,教师的重点提问与小结尤其重要,开放式的提问没有明确的指向性,幼儿可以在较广范围内思考,如表达观点的提问"你的观点是什么? 你同意他的观点吗?",或解释自己想法的提问"你的想法是什么? 为什么?"。开放式提问让幼儿更有话可说有事可谈,也更能激发幼儿去思考。

在辩论过后,教师对幼儿使用的辩论方法可进行提炼和总结,如辩论中出现了"陈述、假设、对比、反问、举例"等多种方法。在辩论活动"晴天好还是雨天好"中,幼儿可以用陈述和对比的辩论方法表明自己的观点

"我认为晴天好,因为晴天可以到外面去玩,下雨天只能在家里",也可以用反问和举例的辩论方法进行反驳"下雨天也可以在外面玩啊,像小猪佩奇一样踩水坑,晴天可以玩踩水坑吗?"当幼儿理解这些概念,他们对辩论活动会更有热情,推动辩论活动从无意向有意发展,有意识地运用和积累各种辩论方法,促进思维能力的发展。下面以辩论活动案例《用 IPAD 好不好》为例,分析活动中的有效提问与辩论方法总结。

### 活动名称:用 IPAD 好不好

活动目标:
1. 能大胆表达自己的观点,倾听他人观点;
2. 初步尝试辩论,体验辩论活动的乐趣。

活动过程:

| 环节 | 引导重点 | 有效提问 |
| --- | --- | --- |
| 一、引入辩题,充分讨论,创设辩论环境 | 1. 呈现 IPAD,拓展思路 | 重点提问:你们用过 IPAD 吗?他们会用它来干什么? |
| | 2. 引入不同观点,切入话题。充分拓展幼儿思路,为辩论做准备 | 重点提问:<br>① 你们喜欢 IPAD 吗?<br>② 爸爸妈妈让不让你们随便玩 IPAD?为什么? |
| | 3. 了解辩论,为尝试辩论做好准备 | 重点提问:什么是辩论?谁来说说看?<br>小结:"辩论"就是争论,大家有不同的观点,每个人都说出自己的理由,并想办法说服对方,这就是辩论。 |
| 二、初步尝试辩论,体验辩论活动的乐趣 | 1. 进行第一场辩论:轮流发言,阐述自己最想说的理由 | 重点提问:<br>① 用 IPAD 到底好还是不好?<br>② 有没有人有不一样的看法?<br>引导重点:站起来时用完整的话"我认为用 IPAD 好或者不好"把自己的观点说清楚。 |

续 表

| 环节 | 引导重点 | 有效提问 |
|---|---|---|
|  | 2. 进行第二场辩论：举手发言，说出更多不一样的理由 | 引导重点：<br>① 请每个人说的时候先说清楚自己组的观点，然后再说清楚理由："我认为用IPAD好（不好），因为……"；<br>② 引导幼儿说出与他人不同的理由；<br>③ 一方发言时，鼓励其他幼儿认真倾听。 |
|  | 3. 进行第三场辩论：自由辩论，根据对方的观点进行反驳 | 重点提问：对方的小朋友都说了什么？他们说得有道理吗？怎么样反驳他们？<br>引导要点：一方回答时，关注另一方的即时反馈，请针锋相对的幼儿进行回答。 |
| 三、积极评价辩论过程，激发幼儿继续参与辩论活动的兴趣 | 1. 根据幼儿现场表现，从阐述观点、遵守规则两方面给予积极评价 | 重点提问：<br>① 经过辩论，关于"用IPAD好不好"，你们的观点有变化吗？<br>② 在辩论过程中，你们觉得自己哪些地方做得很好？还有哪些地方以后可以做得更好？ |
|  | 2. 提升幼儿辩论中使用的策略方法 | 提炼"陈述、假设、对比、反问、举例"等辩论方法，知道事物有两面性，需要一分为二用辩证的观点去看待。 |

## 四、促进幼儿前阅读经验发展的活动组织策略

### （一）学会绘本解读——挖掘绘本核心价值

在形成了绘本资源库后，课题组和班级教师会面向相关绘本，进行深度挖掘和解读。首先对绘本作家的创作风格进行了解。比如李欧·李奥尼，被誉为"图画书中的伊索"，他的文字和图画有非常明确的寓言倾向，深刻却不故弄玄虚，也总能引发思考和讨论。而安东尼·布朗的书中则充满有趣的细节。

然后对相关绘本的风格以及创作的背景和意图进行研究，聚焦到选取的每一本绘本，开展教师绘本研读沙龙。通过研读，思考绘本中蕴含的

内涵,挖掘其整体意义和多元价值。根据幼儿当前已有的生活经验及学习与发展需要,对作品进行处理,梳理资源库中绘本的核心经验,从而便于进一步设计相关的语言活动,促进幼儿语言核心经验的发展。

### (二) 丰富利用绘本开展的语言活动的形式和类型——凸显绘本核心价值

利用绘本开展的语言活动类型,以往多为早期阅读活动,且活动开展的流程多为"活动导入——分段阅读——完整阅读——活动总结"的"静态"阅读模式。但阅读的过程中应该要引导孩子发问、讨论、思考,让幼儿把个人的体验和阅读的过程联结起来,才能产生趣味和意义,也才能真正促进幼儿前阅读经验的发展。因此在实践研究中,课题组尝试改变以往绘本阅读集体教学活动的模式,除了在阅读过程中,加强幼儿对绘本结构、创作风格的感知,还对绘本内容进行讨论、思考和表达,加强对绘本内容的深入观察和理解,引导幼儿逐步习得通过观察绘本主角的表情、姿态等理解或预测绘本情节发展的策略等。

除了绘本阅读活动,还可以围绕绘本设计开展专门的想象创编、谈话活动、辩论活动等作为第二课时、乃至第三课时,通过这些活动的开展,鼓励幼儿表达自己关于绘本的理解和判断,提升阅读理解、对阅读内容的表达与评判的相关核心经验的提升,比如说说自己是否喜欢所阅读的绘本,是否喜欢绘本中的角色并说明原因等。同时这些活动,对幼儿口头语言核心经验的发展也起到了很大的促进作用。

### (三) 关注绘本中的"默会"内容——提升幼儿的阅读能力

"默会"知识是一种只可意会不可言传的知识,是一种经常使用却又不能通过语言文字符号予以清晰表达或直接传递的知识。绘本中的"默会"内容,相对于绘本的名称、情节、角色等显性内容而言,主要指对绘本中的图画风格、绘本结构等的感知。

有研究表明,汉语儿童对图画书结构的相关知识十分薄弱,相当一部分学龄前儿童不了解图画书的封面、封底、扉页以及环衬,甚至不能够准确地说出熟悉的图画书的名字。培利·诺德曼在《阅读儿童文学的乐趣》一书中写道"封面是我们对书进行预测最重要的来源。"环衬作为封面与书芯之间的一张衬纸,往往成为一本绘本中最容易被漏看的一页,但环衬上往往有着与绘本风格统一的颜色和图案,甚至藏着故事中不可忽视的细节。前后环衬遥相呼应,有时还会提升主题,甚至说出故事之外的另一个结尾。而扉页作为环衬之后、正文之前的一页,不仅包含图书书名、作者等绘本信息,有时它会告诉你故事的主人公是谁,有时则会埋下故事的悬念。课题者认为,帮助儿童建立完整的图画书结构的知识,对儿童更好地理解图画书内容以及阅读能力的增强,形成良好的阅读策略都具有重要意义。

**中班绘本阅读活动:我爸爸(节选)**

......

活动过程:

一、导读封面,了解绘本

1. 今天我们要一起分享一个故事,名字就叫——我爸爸

2. 观察封面上的信息

重点提问:这是书的什么?你从封面上看到了?

3. 认识环衬,感知环衬的花纹

重点提问:这一页有什么特点,它的花纹你在哪里看到过?

小结:封面背后和故事正式开始前像蝴蝶翅膀的这一页叫"环衬",原来在一本书的故事开始之前,它的封面、环衬就已经开始告诉我们了一些小秘密。你们就在环衬上发现了?(幼儿:爸爸的睡衣上的花纹)嗯,看起来爸爸很喜欢这件睡衣,接下来的故事里让我们仔细看看还有哪里也能发现这件睡衣。

如图 3-6,《我爸爸》这本绘本中很大的一个特点,就是环衬的图案就是"我爸爸"身上那件棕黄色的睡衣,而这件睡衣也贯穿故事始终,以上案例的活动中研究者带领幼儿认识了环衬,并引导他们发现环衬中的"小秘密",这对接下来了解绘本中对爸爸的幽默"类比"有重要意义。

图 3-6 绘本《我爸爸》封面、环衬和故事图片

### (四) 关注延伸活动——深度挖掘绘本阅读价值

#### 1. 好书不止读一遍

"书读百遍其意自现",如果只围绕绘本开展一次集体绘本阅读活动,这本书的阅读价值无法完全展现和挖掘,因此好书不止读一遍。在集体绘本阅读之后,研究者会鼓励教师在班级提供 1—2 本该本绘本,作为近期的"好书推荐",供幼儿自主阅读。同时教师也会在班级开展"图书漂流活动",幼儿可以在晚上或是周末将感兴趣的绘本借回家,与父母共同阅读,拓展亲子阅读的内容,在亲子互动的过程中进一步深入感知绘本的内容。

图 3-7 班级阅读角、好书推荐板块、"图书漂流"借书卡

## 2. 一日生活中贯穿绘本情节的讨论

在集体阅读和后续幼儿自主阅读之余,在日常生活中课题组还会在自由活动、散步等环节中结合契机与幼儿展开围绕绘本情节、角色等的讨论,引导幼儿进一步感知绘本内容及其中蕴含的道理。

**案例**:琪琪很擅长做手工,每次在美工角,她总是充满自信,就像个"大姐大",一会教别人做手工,一会儿指挥别人整理材料。这一天,自由活动中琪琪和菲菲发生了一点小矛盾,原来美工角投放了新彩泥,菲菲拿了琪琪想要的颜色,琪琪觉得应该她先选,要把菲菲先拿到的彩泥拿走,于是便发生了争吵。事后,教师组织孩子们展开了讨论。

师:琪琪应该把彩泥拿走吗?

幼1:我觉得应该让琪琪先选,她彩泥做得很好。

幼2:可是菲菲先拿到的,她可以等菲菲用好再用。

幼3:琪琪每次都教我们做手工,应该让她先选。

……孩子们你一言我一语讨论的不亦乐乎。这时,教师想起了前不久刚跟孩子们一起读过的《胆小鬼威利》,当时孩子们就对其中威利在变自信强壮后,依然会在撞到灯柱后有礼貌地说"对不起"印象深刻,觉得"威利虽然变厉害了,但他还是那么有礼貌"。于是,教师继续抛出话题。

师:今天这件事情让我想了威利,猜猜看为什么?

幼4:威利很礼貌,不会跟别人抢东西。

师:嗯,威利胆小的时候就很有礼貌,胆子变大以后呢?

幼5:还是很有礼貌。

师:你们觉得这样的威利怎么样?

幼儿一致表示:(这样的威利)很好/很棒!

师:那如果威利本领变大变自信以后,但是他有点霸道,不是那么讲礼貌了,感觉怎么样?

幼6:有点不太好。(教师追问:为什么?)不论什么时候都应该有礼貌。

师：嗯，我觉得在美工角的琪琪有点像是变强壮变自信以后的威利，她很能干，也经常做你们的"小老师"，虽然今天跟朋友发生了点小矛盾，但我相信不论琪琪还是其他的小朋友，以后都会比威利做得更棒，不论本领小还是本领大都会是个有礼貌的小孩，对不对？

琪琪和孩子们好像突然明白了教师提起威利的原因，纷纷若有所思地点点头。互动结束后，又有孩子拿起阅读角的《胆小鬼威利》看了起来。

案例中的风波里，在美工角如鱼得水的琪琪，充满自信，却有点"霸道"，而《胆小鬼威利》中最后威利撞到灯柱后道歉，这看似小小的一个场景恰恰表现了生活中一个很难得的美德——"胜不骄"。于是课题组在该场景中，重新引导幼儿围绕"威利"这个角色展开讨论，帮助幼儿重温绘本角色，更深层次理解绘本的同时，也让幼儿更加深刻地明白即使有过人之处也应该谦虚礼貌的道理。

#### 3. 创设多途径表达绘本内容的情境和机会

在阅读之后，课题组会在班级中创设多途径表达绘本内容的情境和机会，促进幼儿多种形式表达和深化自身对绘本的理解，包括语言上的讨论、绘画或表演游戏等中的表达。比如在班级中提供绘本以及与其情节相关的玩偶、道具、音乐等，方便幼儿感受与绘本故事相关的氛围；在美工角提供符合绘本作品风格的材料，幼儿感兴趣时，可以围绕绘本角色和主题进行创作。

图 3-8 阅读了《小蓝和小黄》后，幼儿采用撕纸拼贴方法创作的作品

幼儿遇到感觉兴趣的故事和主题,会自发在美工角进行创作。图3-8为幼儿在阅读了《小蓝和小黄》后,采用撕纸拼贴方法创作的作品。同时课题组会鼓励幼儿结合表演情境利用头饰、道具等进行角色扮演或是表演游戏,引导幼儿进一步感知绘本角色的行为与心理,加深对绘本内容的进一步理解。图3-9为幼儿阅读了《田鼠阿佛》后,尝试自己动手制作头饰并进行表演的过程。

图3-9 阅读了《田鼠阿佛》后,幼儿动手制作田鼠头饰并尝试表演

在多途径表达绘本内容的过程中,一方面加深了幼儿对阅读内容的理解,一方面也给幼儿提供了口头语言表达和书面语言表达的机会。比如围绕绘本进行的续编创作,为幼儿提供了纸笔互动和多元表征的机会;而围绕绘本故事的角色扮演或表演游戏,为幼儿提供了口语表达的机会,有利于丰富幼儿运用动作、表情进行讲述的经验。

**(五)明确实践模式——促进深度阅读活动有效开展**

在多途径的实践过程中,课题组也在不断反思,逐步梳理并明确深度阅读的实践模式。比如在围绕绘本的集体阅读活动后,课题组者通过活动反思,不断调整活动设计,以期通过活动帮助幼儿更全面地感知绘本,激发幼儿对绘本的深度理解以及后续阅读的兴趣和思考;在后续深度阅读和延伸活动的开展过程中,通过家园之间、师生之间、多形式拓展延伸活动之后的反馈分享不断寻找幼儿感兴趣的点，了解幼儿需进一步支持和发展的前阅读核心经验，不断丰富绘本资源库或相关活动形式，跟进后续延伸活动等。通过明确深度阅读模式(见图 3-10)，从而丰富完善实践过程，促进深度阅读活动的有效开展，以期促进幼儿前阅读核心经验的切实提升和发展。

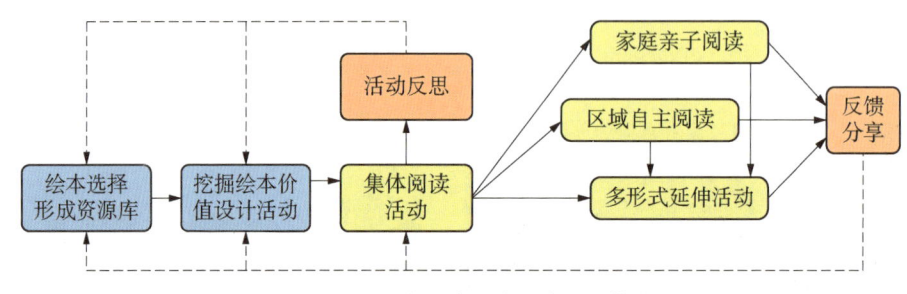

图 3-10　深度阅读实践活动开展模式

## 五、促进幼儿前识字经验发展的活动组织策略

**(一) 利用生活环节——在潜移默化中丰富前识字经验**

除了在班级日常环境创设中渗透前识字核心经验，也可以根据班级幼儿的兴趣和发展情况，从需求出发，巧用一日流程中的生活环节进行随机教育，这样既丰富了班级环节的形式，也在潜移默化中丰富了幼儿的前识字经验。接下来，课题组将举例说明如何利用生活环节帮助幼儿积累前识字经验。

1. 实践一：点名方式"大改造"

点名是一日流程中的常规环节，以往的点名形式大多以教师喊名字，幼儿答"到"为主，形式相对单一枯燥。在日常带班过程中，课题组发现大班幼儿大多认识自己的姓名，也对同伴的姓名非常感兴趣，因此研究者把常规的点名环节进行了大"改造"。

(1) PPT 点名法

制作全班幼儿的姓名 PPT，每页 PPT 上呈现一位幼儿姓名。每天点名时,用播放 PPT 的形式替代教师点名的方式,幼儿自主观察 PPT,在看到自己姓名时,起立喊"到"。姓名的顺序每天或者每隔几天更换,这样幼儿在点名的过程中,既会关注自己的姓名,也会主动观察同伴的姓名。别看仅仅是观察、感知姓名的过程,幼儿在观察的过程中有很多发现,也常常在点名后谈论:"我的姓'李'字中有'木',林某某的'林'里也有'木'","我的名字里的'琪'和某某某名字里的'祺'有点像","某某乐的'乐'是可乐的'乐',我在可乐瓶子上见过这个字"等。潜移默化中幼儿积累了不同字中可能会有相同的部件,以及不同字可能同音、不同字可能形似等经验,也可能会发现自己日常熟悉的汉字等。

图 3-11　一名幼儿在 PPT 上看到自己的姓名,站起来喊"到"

（2）名牌签到法

随着 PPT 点名法的使用,幼儿对同伴的姓名越来越感兴趣,也有越来越多的新发现,他们经常会在纸上对自己的名字写写画画,也会在茶水桶、作品柜等有同伴姓名标签的地方,尝试指认熟悉的同伴的名字。于是课题组创设了版面"我的名牌",版面上有每个幼儿的姓名,每个幼儿的姓名又都有"两个版本",既有自己的创意表征,也有规范的文字表征。每天来园后,孩子就可以把自己某一个版本的姓名贴在版面上"签到打卡"。来园环节结束后,感兴趣的幼儿可以自行去找一找今天谁来了,谁没来,也可以帮同伴找一找与其匹配的另一个姓名贴。

图 3-12　幼儿在姓名版面前尝试帮同伴匹配姓名

就是这样丰富多变的点名形式,不仅满足了幼儿的兴趣和需求,让孩子"乐此不疲"地尝试和挑战,也让孩子在自己和同伴的"姓名世界"中丰富了关于前识字的核心经验。

2. 实践二:分享环节"可视化"

幼儿在园的一日生活中有很多的"分享环节",游戏结束后有分享,个别化学习后有分享,运动后可以分享,有了有趣的事情、好玩的作品、奇妙的想法时可以分享……以往一日活动中的分享大多采用口头语言分享的方式,方便快捷,但很多奇妙的想法、有趣的故事分享之后便很快忘记了,有些可惜。教师也发现,很多孩子会通过绘画等形式呈现自己在幼儿园里经历的有趣的故事和记忆深刻的事情,在这个过程中形成的过程性资料不仅是幼儿宝贵的成长档案,也便于对内容进一步分享、分析、解读。

于是课题组尝试丰富一日生活中分享的形式,除了口头分享,还鼓励幼儿用绘画、前书写等方式进行记录和表征,将分享内容"可视化",也会在班级中用合适的版面呈现这些"可视化"的内容。比如大班孩子们对自己的毕业典礼都有很多创意和想法,那么就可以通过专门的版面把孩子们的"奇思妙想"记录下来,幼儿间可以互相"阅读"了解同伴的想法,在其中感知多元的表征和记录,而教师也能通过版面进一步了解孩子的需求和发展。

图 3-13 关于毕业礼的奇思妙想

班级开展关于"风"的主题,有一段时间孩子们对带"风"字的成语很感兴趣,每次在书中发现或者回家和爸爸妈妈一起找到了新的成语,都会迫不及待来到班级中和同伴分享,于是研究者开辟了专门的版面供幼儿分享"关于风的成语"。

图 3-14 "关于风的成语"版面

分享内容的"可视化",既为幼儿提供了多元表征的机会,为教师和家长积累大量的分析、了解幼儿的素材,也为幼儿提供了丰富的前识字环境,在与自己的作品、同伴的作品互动的过程中,不断积累和丰富前识字经验。

### (二) 设计区域活动——提升前识字弱势经验

在前期的现状调查和分析中,研究者发现幼儿对符号和文字的功能了解充分,对符号和文字形式以及规则的意识有待提升。因此在实践过程中,研究者也针对大班幼儿在前识字核心经验发展过程中的弱势,尝试结合主题、结合幼儿兴趣,设计游戏化程度高、操作性强、玩法多样的区域活动,让孩子在操作和游戏中,提升相关经验。

#### 1. 尝试挖掘主题核心经验点,开展前识字活动

在班级主题活动开展的过程中,可以挖掘主题的核心经验,找到其中

可以与前识字核心经验链接的点,找到主题核心经验和前识字核心经验的交集,结合二者构思区域活动。比如大班"我是中国人"主题中,有关于印章的内容,而印章拓印出的不同内容,能让幼儿在过程中感知不同文字、文字的不同字体、不同组合形式,这与前识字核心经验中符号和文字的形式、符号和文字的规则两条核心经验是不谋而合的。因此在实践中,研究者创设了"玩印章"的区域活动,提供给孩子不同材质、不同内容的印章,让他们在玩一玩、印一印的过程中,感知中国的传统文字、文化,在印一印、猜一猜的过程中,进一步丰富自身关于符号、文字形式和规则的经验。

图 3-15 玩印章的区域活动

2. 从兴趣和需求出发,提升幼儿参与前识字活动的积极性

图 3-16 名字找相同游戏

在设计前识字区域活动的过程中,除了结合主题经验,教师还可以从日常观察到的幼儿的兴趣和需求切入,幼儿感兴趣有需求,才会积极地投入,提升参与活动的积极性。比如通过点名环节和日常生活中的观察,幼儿发现了很多自己和同伴姓名的不同和相同点,他们乐于讨论,有进一步探索的兴趣和需求,那么教师则可以追随

幼儿的兴趣和需求,设计相应的前识字实践,让孩子在游戏中进一步去观察和探索不同汉字中可能会存在相同部件的秘密,提升幼儿的相关经验。

3. 采用游戏化的形式,提升前识字活动的趣味性

前文提及前识字活动与识字活动最大的区别之一,即活动形式的游戏化。因此,要想把握好前识字活动的"度",采用游戏化的形式,提升前识字活动的趣味性,让孩子爱玩、喜欢玩,是重要的设计思路和原则。比如,大班幼儿喜欢玩棋类游戏,掷骰子是他们熟悉并喜欢的游戏形式,因此课题组在设计一组区域活动材料时,就采用了掷骰子的形式。在关于服装设计的班本化主题中,幼儿发现很多表示衣物的名词中都有"衣字旁",于是课题组让幼儿在掷骰子的游戏中,通过两个骰子的随机组合,感知不同部件与"衣字旁"随机组合,形成不同文字;而随后同伴间对组合而成的文字含义开展的竞猜游戏,也符合大班孩子的求知欲和好胜心。

图3-17 运用掷骰子的形式,"玩转"前识字经验

4. 在区域活动的各环节中,渗透前识字相关经验

通过区域活动提升幼儿的前识字经验,不一定要设计专门的前识字区域活动,可以善用区域活动中规则的呈现和说明、活动过程的记录等环节,渗透前识字相关经验。比如在科探区的操作中,幼儿可使用记录表记录自己的操作过程和探索结果,一方面通过记录可以帮助幼儿梳理相关的科学经验,一方面教师也可以引导其通过记录感知符号和文字的功能。

图 3-18　科探区中的图示版面和记录表　　图 3-19　语言区中幼儿记录的"可怕的风"的内容

### （三）利用集体学习活动——进一步提升前识字核心经验

集体学习活动是有效梳理、提升幼儿经验的学习方式，因此前识字经验不仅可在日常环境、生活环节、区域活动中得到提升和发展，教师也可尝试设计开展集体学习活动，进一步提升幼儿的前识字核心经验。

1. 围绕前识字核心经验，开展专门的前识字活动

前识字核心经验不仅需要日常的积累，必要时也需要开展专门的前识字活动对相关经验进行系统梳理和提升。前识字集体学习活动的设计，可以采取以下两种思路：

（1）选择适宜的绘本，结合前阅读开展前识字活动

绘本是幼儿阅读的重要材料，阅读本身是重要的前识字经验的"输入"方式，而很多绘本的主题和内容也与前识字的核心经验密切相关。因此围绕适宜的绘本，结合前阅读活动，很适合开展前识字活动。

比如绘本《鱼子非》，以主人公鱼子非找名字为线索，讲述了他在找名字的过程中发生的趣事，比如发现了很多包含"鱼""子""非"三个字的字、词，最终获得满意的关于"鱼子非"的解释等；绘本中还有很多不同的文字形式，匾额上的小篆、对联中的繁体字、茶饼上的英文等。绘本的内容指向多条前识字核心经验，因此这本绘本除了适合开展前阅读活动，也十分

图 3-20　绘本《鱼子非》封面　　图 3-21　鱼子非发现环境中和自己名字很像的字

适合开展专门的前识字活动。

于是,研究者结合绘本有趣的情境和情节,结合其中凸显的前识字核心经验,设计了大班前识字活动《鱼子非》。

---

### 大班学习活动:鱼子非(偏语言领域——前识字)(节选)

活动目标:

1. 观察画面,能发现图画中隐藏的文字,对文字产生兴趣。
2. 初步感知汉字中的部件,能找出不同汉字之间相同的部件。

……

活动过程:

一、引出主题,激发兴趣

……

二、师生共同阅读,讨论并记录发现

过渡:这天妈妈带着鱼子非出门逛街,鱼子非发现许多地方都有它的名字。

1. 服装店里的名字
- 重点提问：

(1) 哪里有鱼子非的名字？服装店的招牌里有鱼子非名字里的哪个字？

(2) "团"字跟"子"字完全一样吗？哪里一样？哪里不一样？

- 小结：原来团团童装店的"团"字里藏了一个鱼子非的"子"。"子"字变成了"团"字中间的一部分，但是"团"字多了一个口字框。

2. 干洗店里的名字

……

三、自主阅读，记录发现，进一步感知不同汉字中的相同部件

1. 幼儿自主阅读，找一找、记一记
- 要求：

(1) 两个人一组，一起看一本书，找找藏在图片里的"鱼子非"的名字。

(2) 找到和"鱼子非"很像的字后，记在纸上，一张纸记一个字，为了看清楚，记得要记得大大的。

2. 交流记录与发现

……

四、玩找名字游戏，巩固关于汉字部件的经验

……

在活动中，跟随"鱼子非"在服装店、干洗店等地方找名字的过程能够充分引发幼儿仔细阅读画面，寻找文字信息的兴趣，让幼儿在阅读中获得发现的乐趣，在观察和比较中体会文字的奇妙，对汉字中的部件有初步的感知，并在游戏中进一步巩固经验和感知，从而提升其前识字核心经验。

（2）结合二期课改主题素材，开展适宜的前识字活动

除了绘本，在大班二期课改的主题中，也有很多内容适合开展前识字活动。比如"我是中国人"主题中，有甲骨文、象形字、印章、印刷术等素材点，"我们的城市"主题下，也有交通标示、逛超市、广告、邮票等与前识字经验密切相关的素材点，这些素材点都可以很好地与前识字核心经验相链接，成为前识字活动设计的切入点，为教师设计前识字活动的提供灵感来源。

需要特别注意的是，专门的前识字活动的重点一定不是帮助孩子去认识更多的字，而是通过有趣的情境、游戏化的方式帮助孩子梳理前识字经验，进而拓展其前识字经验。

2. 在其他各类集体学习中，关注前识字核心经验

除了开展专门的前识字活动，课题组发展前识字核心经验同样可以渗透在各类集体学习活动的各个环节中。从教学形式上，学习活动中可以多采用图示、标识、文字等的呈现帮助幼儿梳理学习内容，帮幼儿感知口头语言与文字、符号等的对应和匹配，从而提升前识字核心经验。

此外，要善用不同类型的集体学习活动的特质，关注前识字的核心经验。比如科学类的活动中有大量记录的机会，音乐活动中会经常使用图谱帮助孩子感知节奏、韵律，美术活动中有纸笔互动和书面多元表征的机会等等，这些都是渗透前识字核心经验的好时机。

## 六、促进幼儿前书写经验发展的活动组织策略

（一）借助绘本阅读开展活动——先读后写，将前阅读和前书写有机结合

为引导幼儿进一步进行前书写，教师会根据幼儿当下前书写水平，结合图画书本身特点以及幼儿兴趣开展丰富多样的早期阅读活动，活动主题包括：动物、植物、生活、节日、季节等。在明确前书写核心经验要求和目标的基础上，将图画书阅读与前书写结合，进行了深入的探索和实践，

有目的有计划地引导幼儿进行前书写活动,例如:

---

### 中班前书写活动:绿色贴纸(节选)

……

活动过程:

一、绘本导入,积极表达想法

1. 积极表述、选择"绿色贴纸"

重点提问:"绿色贴纸"是什么意思?选择一张你最喜欢的"绿色贴纸"。

2. 相互交流,看一看,说一说

重点提问:看看你的好朋友和你的绿色贴纸一样吗?说一说它们都有哪些秘密!

- 小结:绿色贴纸各不相同,都有属于它们自己的秘密和含义。

二、尝试记录

过渡:我在后面给你们准备了纸和笔,你可以一个人,或者和你的好朋友一起,把你的"绿色贴纸"贴在后面的"圆圈"处,在横线上去把你自己的"绿色贴纸"的含义和秘密记录下来吧!

1. 幼儿操作并记录"绿色贴纸"的含义

2. 交流分享:你的"绿色贴纸"有什么秘密?你是用什么办法记录的

教师使用思维导图的方式进行梳理。

- 小结:看来我们得到了很多不同类型的"绿色贴纸",并且我们还使用了图画、文字、符号、数字等很多不同的方式记录了"绿色贴纸"的含义和秘密。

三、积极讨论，设计贴纸并记录含义

1. 积极讨论班级中需要的"绿色贴纸"

重点提问：生活中我们有很多绿色贴纸，在我们班级中，需要哪些"绿色贴纸"？

2. 记录班级中"绿色贴纸"的秘密和含义

3. 交流分享：你记录的"绿色贴纸"是什么？你用到了哪些不一样的记录方法

这两张"绿色贴纸"，内容一样，但他们都是怎么记录的？

• 小结：我们使用不同的方式记录"绿色贴纸"的秘密；有的记录的内容是一样的，但是却使用了不同的记录方法记录同一个内容，都很棒！这些绿色贴纸，可以让我们的生活变得更加健康。我们的环境，我们的地球，很多的动物、植物，都会因为我们的"绿色贴纸"，变得更加美好！

……

图 3-22　幼儿用前书写的方式记录的绿色贴纸

再如《动物的色彩》活动中，幼儿的记录也非常有趣，图 3-23 左侧图中幼儿记录的"我发现"三个字，是用"I"的英文字母表示"我"，"发"则用了"fi"的拼音表示,"现"画了"一条线"来表示"现"的读音。右侧的"我发现"则画了放大镜的方式来表示"发现"。

图 3-23 《动物的色彩》活动中幼儿的记录

结合前阅读开展前书写活动,能够让幼儿在充分阅读的基础上,有思考、有情境、有意愿地去表达、记录、书写。在一次次活动的开展中,我们也会发现,每一次幼儿的书写内容都更加丰富,会表达更为复杂的内容。对汉字结构的经验逐步提高,例如:能够体现汉字"一字一音"的特点,字体的大小趋于统一。多元表征、创意书写的表达经验也在慢慢建立,例如:会运用汉字"同音""形似"等特点进行书写。

**(二) 将前书写渗透、落实至各区域中——让幼儿随时可写、可记**

为引导幼儿进一步感知汉字的构型和潜在的特点,增强幼儿书面语言的知识。教师在各个区域中将前书写内容进行了有效的渗透和落实,以语言区和美工区为例:

1. 语言区

(1) 提供支持前书写记录的相应工具和设备

我们在语言区为幼儿提供各种设备供幼儿选择,激发幼儿记录的兴趣,方便幼儿的记录,例如:录音机,幼儿可在听完故事录音之后,在筐子里拿取纸和笔,对故事结尾的小问题进行记录;iPad 电子平板、电子白板等,幼儿可以直接在上面进行多元化的前书写表征。

(2) 利用语言区小活动开展前书写活动

如在语言区"图书漂流"活动中,幼儿用前书写的方式记录归还的图书,教师发现此阶段的幼儿虽然不会使用多元形式进行前书写,但逐渐建立了文字记录的意识:他们会用"方块"来代表一些文字的内容,可见幼儿开始慢慢理解汉字的结构特点,会用小方块来表示替代的文字。

(3) 主题式绘本阅读后的书写记录

在开展各个领域主题教学活动之后,教师为幼儿提供主题式绘本,鼓励幼儿在绘本阅读后进行后续的记录。如:在《在动物园里》主题下,幼儿阅读绘本《咕咚来了》,对故事题目和绘本中阅读到的有趣的内容进行了记录(咕咚(使用"拼音"记录)来(图画记录)了(文字记录))

小(文字)兔子(图画和文字)看(图画)见(同音、图画表示"剑")咕咚(使用拼音的方式记录),撒(拼音表示)腿就跑(图画))。

慢慢地,幼儿相较之前已经不是简单地进行涂鸦,他们会结合自己的经验和环境改变,把想要说的话记录在记录纸上,书面表达变得更清楚、更明白。

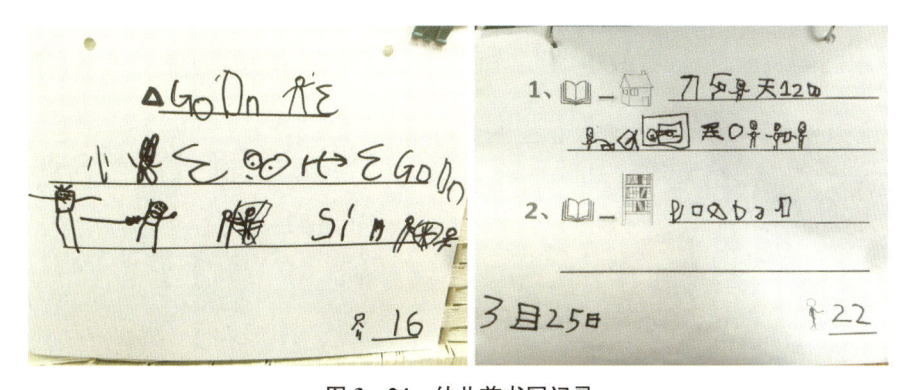

图 3-24 幼儿前书写记录

2. 美工区

(1) 为作品添加作品标签

在美工区，我们除了为幼儿提供了可以绘画的纸笔之外，也额外给幼儿提供了很多记录的小纸张，供幼儿书写自己创作的作品名称和作者姓名，让幼儿的作品能更完整地呈现出来。如一位幼儿画了变色龙之后，记录了作品名称"变色龙"及自己的姓名"金某某"，其中变色龙幼儿用了特有的方式进行表达，用"大便"的图画来表示"变"的读音，用"点"的符号表示"色"字，以及画了龙的图画来表示"龙"字。

图 3-25　美工区作品标签

（2）作品介绍

美工区的创作变得更加丰富，幼儿开始制作不同形式的"故事书"，除了用图画表征自己的"故事书"之外，幼儿也会进行讲述，为了记录下自己

图 3-26　幼儿故事书

的讲述内容,他们对每页的"故事书"内容进行了记录。此过程中,幼儿能进一步感知、理解文字与图画的区别,在记录的同时,进一步理解了"口头语言"和"书面语言"的关系。

**(三) 观察幼儿前书写经验的发展差异——对幼儿进行针对性的个别指导**

除集体的教育教学活动外,针对幼儿前书写经验水平的差异,教师也会对班级不同需求的幼儿给予适切的指导。如对于汉字结构经验的有效回应:每一个记录的内容都对应着一个字的音节,你记录得非常仔细;每一个记录的内容之间都保持一定的距离,而且大小也差不多,看上去非常清楚;每一个记录的内容都写在一行上,就像我们排队一样,整整齐齐;你用了小方框表示你想写的文字,原来他们都长得方方的,好像被围起来了……

对于创意书写表达的有效回应有:你用画画的办法记录了这个字(词)的读音;你用画画的办法记录了这个字(词)的意思;你用简单的符号表达了特定的意思,节约了记录的时间,让自己的记录变得更加流畅;你用了文字的办法,文字是一种我们最常见(通用)的记录方法,它能帮助我们记录得又清楚、又明白;你用了同音的办法:如"是"—"识",它们听起来一样(很像);你用了形似的办法:如"日"—"阳",它们看起来是好朋友;你用了特定的符号表达,帮助我们节约了书写、构思的时间(拼音)……

# 第四章
# 幼儿语言入学准备的家庭环境支持策略研究

幼儿语言学习不仅仅存在于幼儿园的语言教育活动中,还需要家长在家庭环境中的渗透和支持,因为家庭环境也是幼儿语言入学准备的关键环境。只有家园一致做好语言入学准备,才能使幼儿更高效、更全面地获得语言学习的相关经验。因此,我们从以下几个方面指导家长做好家庭语言环境的建设,家园合力,帮助幼儿更好地获得语言经验。

## 一、做好家庭教育指导:树立正确的语言入学准备观念

在前期现状研究中,课题组也发现家长关于幼儿语言入学准备存在一定的误区,因此做好家庭教育指导,帮助家长树立正确的语言入学准备观念,尤为重要。于是我园在日常家庭教育工作中,在幼小衔接的过程

图4-1 华师大左志宏老师和华师大附属紫竹小学沈雯珺老师为家长做相关讲座

中,会针对性地邀请华东师范大学的相关专家,对口小学的优秀语文教师等面向家长进行幼小衔接和语文入学准备方面的宣教和指导;也会通过开展"启阅计划"等相关大活动培养孩子们良好的阅读习惯,促进亲子阅读质量提升。

同时,班级教师在日常工作中也会通过家长会、日常交流、家长学习沙龙等途径向家长分享介绍幼儿语言发展的经验优势、弱势,什么样的经验和能力对入学准备是重要的,也会通过案例引导家长学会观察、分析孩子的发展,以及采取何种策略能够更好地促进幼儿语言发展。

图 4-2 "启阅计划"活动开展过程

## 二、结合大活动和主题活动发起亲子谈话,在亲子互动中丰富谈话经验

除了平时的集体谈话和日常谈话活动,幼儿园还会开展大活动,如阳光义卖、亲子运动会、迎新年、儿童节活动等。在开展主题活动时,班级教师还会请家长发起与幼儿的相关内容谈话,针对某个话题进行深入讨论,然后家长记录谈话内容。谈话一方面可以帮助幼儿更深入地了解某个话题内容,另一方面也可以丰富幼儿谈话经验学会遵守谈话规则,还可以帮

助教师了解幼儿的想法。如在开展"阳光义卖"活动之前,请家长与幼儿就义卖这件事的意义和价值进行谈话,家长会带幼儿了解义卖是一件有意义的事情,可以帮助到其他人,同时还可以随着谈话的深入了解到幼儿是怎么看待义卖这件事情,想用什么样的方式来参与义卖,对于班级教师组织义卖活动有很大的参考价值。以下是家长记录的与幼儿关于义卖这个话题展开谈话的片段:

> 妈妈:宝贝,你知道明天幼儿园举办的义卖活动是做什么的嘛?
> 幼儿:是卖东西的活动吗?
> 妈妈:是的,但是这个卖东西和平时不一样哦,是小朋友把家里用不上的,但保存的比较好的东西拿到幼儿园去卖,卖掉的钱用来帮助贫困地方的孩子,帮他们买衣服,买书,买玩具。
> 幼儿:妈妈,他们在哪里啊?
> 妈妈:在我们的国家,有很多很偏远的山区,那里不像我们住的上海那么繁华,小朋友家里没有太多钱,不能像你们一样买很多衣服,很多玩具。
> 幼儿:那我可以把我的衣服和玩具分享给他们。
> 妈妈:所以你愿意帮助他们,跟他们分享你的衣服和玩具是吗?
> 幼儿:对呀。那明天我们多带一点我的衣服和玩具去吧。
> 幼儿:那我能买其他小朋友卖的东西吗?
> 妈妈:当然可以,而且你买的越多,就相当于捐出更多的钱去帮助别人哦。
> 妈妈:幼儿园的义卖活动,你觉得我们除了卖衣服,书,玩具,还可以用什么方式赚钱来帮助他们呢?
> 幼儿:我会折蝴蝶,我可以教别的小朋友折蝴蝶赚钱吗?
> 妈妈:可以的,用自己擅长的技能赚钱是一个很好的想法呢。

可见，在与家长的引导下，幼儿能与家长针对义卖这个话题进行深入讨论，并且帮助幼儿了解了义卖活动的意义，让幼儿感受到可以帮助有需要的人是一件快乐的事情，同时在谈话的过程中也激发了幼儿自己动脑筋想办法赚钱帮助他人。说明在互动的过程中，幼儿的谈话经验得到了促进和发展。

同时，在新冠疫情期间，大班第二学期大部分时间都是居家生活，为此本课题组将研究空间转向了网络线上，例如利用"腾讯会议 APP"与幼儿开展线上视频互动，就幼儿居家期间发生的趣事为话题，比如"防疫小妙招"、"新冠病毒我知道"等等展开讨论。在活动开始前，课题组首先通过家长群通知家长提醒幼儿做好上课准备，并转达在视频谈话过程中需要遵守的倾听规则（如图 4-3）。在活动开展过程中，利用 APP 中的"话筒"功能，使得发言幼儿更聚焦（如图 4-4）。在发言前，为了视听清晰通畅，教师会"全员静音"，幼儿需要通过举手，获得"打开话筒"的机会，也就是"发言"的机会。经过几个月的视频互动，幼儿在潜移默化中了解了倾听的规则，并学会了遵守倾听规则，例如举手示意发言（如图 4-5）。

图 4-3 谈话前对家长的倾听规则教育

图 4-4　谈话中利用"小话筒"聚焦发言幼儿　　图 4-5　谈话中遵守倾听规则

## 三、开展家庭讨论会：拓宽幼儿辩论经验

有研究表明：孩子平均一个小时会问 75—150 个问题。而孩子的提问中，蕴藏着教育契机，是促进幼儿辩论思维发展的不错途径。因此，家长要重视在与孩子互动过程中，孩子提出的日常问题。可以通过对每一次"问题"意识的积极关注，来开展不同主题的家庭讨论会，以更好地发展孩子的辩论思维。

这里所说的家庭讨论会的重点并不是去针对某一问题，进行统一答案。而是围绕着不同的主题，允许孩子大胆地提出自己的想法和疑问。家长鼓励孩子对自己的想法进行大胆的解释和坚持，可以尝试运用不同的方法，如"陈述、假设、对比、反问、举例"等多种方法，来维护说明自己的观点。同时，家长也可以及时表扬孩子能够独立思考。

而讨论的主题可以是源于日常生活，也可以是亲子绘本共读中延伸出的问题。

比如在大班下学期时，有孩子在了解了小学与幼儿园的不同时，抛出了这样一个问题"上小学后，可以带玩具吗"。看似很简单很日常的一个问题，其实就蕴藏着教育契机。面对孩子的提问，家长可以不直接回答"能"或是"不能"，而是可以反问的方式，"你认为上小学后，可以带玩具吗？为什么呢？"来引导孩子独立思考，并鼓励孩子通过举例、对比等不同的方法来佐证自己的观点。

而有些家长在亲子绘本共读中，也可以围绕着不同的绘本主题，与孩子进行讨论，促进孩子辩论思维的发展。例如有家长在和孩子共读绘本《鱼之乐》之后，围绕着"鱼到底快乐不快乐"这一问题，与孩子展开了讨论，通过对孩子观点的不断质疑，来引导孩子运用不同方法来维护自己的观点。

---

**亲子讨论会案例："鱼到底快乐不快乐"**

妈妈：你怎么知道月熊和棕熊哪一个更快乐呢？

女儿：可以通过观察嘴角的正反，嘴角上扬就是在笑，就表示很快乐。

妈妈：那为什么嘴角上扬就表示很快乐呢？

女儿：因为我觉得和我笑的时候是一样的，我笑的时候就是嘴角上扬的。所以我觉得就表示很开心。

妈妈：那你是从你自己的感受来判断，鱼快不快乐，对吗？

女儿：对。我是通过举我自己的例子来判断鱼快不快乐的。

妈妈：那我们人类到底有办法去知道，鱼快乐不快乐吗？

女儿：我们不知道，但鱼自己能知道自己是否快乐。

妈妈：那我们人类就没有办法了吗？

女儿：没办法。

妈妈：哦，那你刚才说你根据自己的感受知道了鱼快乐不快乐。那这会你又说我们人类没办法知道了，那到底能不能知道呢？

女儿：嗯，那可以通过做实验来知道。

妈妈：哦？怎么做实验呢？

> 女儿：可以提取出鱼的大脑，来看看能不能分泌出和人产生快乐一样的分子。
>
> 妈妈：哦。那你是认为鱼和人类开心的时候，会分泌出一样的物质，是吗？
>
> 女儿：可能是吧。
>
> 妈妈：那你认为，你这种想法是科学的吗？
>
> 女儿：那需要科学家去研究一下。
>
> 爸爸：爸爸同意羊羊的观点。其实最主要的是看"快乐"是如何去定义的。如果我们认为快乐就是像人一样，哈哈大笑，嘴角上扬，那绘本中的鱼就是快乐的。但是如果说快乐是一种感受的话，可能就要通过看是否分泌出一些物质了。

图 4-6　亲子共读绘本《鱼之乐》后的谈话与讨论

由此可看出，在亲子互动中，家长面对孩子的提问或是回答进行的不同角度的引导，都是促进孩子去从不同立场思考自己观点的方法。在此过程中，面对妈妈的疑问，孩子先是认真倾听，随后不断地运用举例、说明等方法维护自己的观点。在这不到 4 分钟左右的讨论会中，爸爸妈妈的共同参与讨论，和孩子各抒己见的探讨，有利于孩子思维水平和语言表达水平的提高。

## 四、丰富亲子阅读延伸活动：提升亲子阅读互动质量

前期研究中对家庭中绘本阅读的调查发现，多数家庭绘本阅读资源丰富适宜，且能坚持开展绘本阅读活动；阅读过程以亲子共读为主，阅读过程注重互动，但阅读后续深入互动较少。课题组认为，亲子共读过程中互动形式和质量的提升和深入，能与幼儿园一起形成更加完整的深度阅读环境，从而促进幼儿前阅读核心经验的发展。

因此，课题组除了鼓励幼儿从幼儿园图书室借书，鼓励班级开展"图书漂流"活动，使得幼儿园和家中的绘本资源"互通有无"，也会定期开展家长读书沙龙活动，围绕亲子阅读展开绘本推荐和亲子互动形式的分享讨论，请有疑惑的家长分享疑惑，有好的经验的家长分享经验，并与家长分享近期幼儿园深度阅读活动开展的情况和经验，鼓励在家中也尝试丰富亲子在阅读中或阅读后的互动，比如与幼儿围绕绘本或绘本角色进行讨论，并记录幼儿的话语；与幼儿用绘本中的角色进行互动游戏等。同时，课题组也会请家长定期反馈和幼儿在家的阅读和互动情况，以便在学校继续跟进。

| 妈妈 第1次回复 | 妈妈 第1次回复 |
| --- | --- |
| 2019-07-25 23:15 | 2019-07-27 23:09 |
| 事件时间 2019 绘本《汤姆的小妹妹》 | 事件时间 2019 绘本《11只猫进袋子》 |
| 内容及素材 | 内容及素材 |
| 嘟嘟应该会是一个好姐姐。这个故事之前跟她讲过，也跟她聊过很多次妈妈肚子里的小宝宝，聊过小宝宝出生之后我们家的生活会怎么样。嘟嘟很能理解故事中的汤姆，汤姆的心理变化和她现在的经历很像，所以她会也憧憬着小宝宝的出生，会抱着妈妈的肚子跟小宝宝说话，作为一个姐姐去教导小宝宝。 | 爸爸妈妈和粲粲情景表演。粲粲：我这里写着禁止摘花，爸爸是花，妈妈你来摘呀！妈妈：好的，我摘花了，我的行为对吗？粲粲：不对！<br>妈妈：粲粲，11只猫为什么会被怪物抓走呢？粲粲：因为那里写着禁止钻进袋子，他们还钻了，就被怪物抓了。爸爸：对的，因为有前面三次做铺垫，他们没受到惩罚，所以他们以为每次都能钻规则的空子。这一次就被怪物利用了他们的这种心理。<br>爸爸：你从这个故事里学到了什么？爸爸告诉你，首先要遵守规则。如果幼儿园里有个牌子，禁止迟到，你还会迟到吗？要严格遵守规则。第二个是团结合作。11只猫很团结，比如我们盖房子，爸爸弄水泥，妈妈弄木材，粲粲也负责干活。第三是有智慧，遇事不要慌张。 |

图 4-7　家长分享的日常亲子阅读过程中记录下的与幼儿的互动

以下是一位家长记录的幼儿在阅读了绘本《生蛋快乐》后,提给作者的一系列问题。从这段记录中可以看出,幼儿在阅读了绘本之后,对感兴趣的故事情节进行了"自问自答",体现了其对绘本内容的理解;同时通过向作者表达感谢的方式,对绘本以及绘本中的角色进行了评价,既说明了幼儿对绘本作者信息的敏感,也体现了幼儿对阅读内容的表达和评判能力,可见在高质量的亲子阅读过程对幼儿阅读核心经验的发展的作用。

---

一位家长记录的幼儿绘本阅读后写给作者的"自问自答"

孙阿姨,我读了你写的《生蛋快乐》,我向自己提了几个问题:

1. 神秘评委是谁?
2. 神秘评委为什么要举办这个大赛?
3. 大家借的都是谁的蛋?
4. 你觉得,谁赢了?
5. 有没有奖?

这些问题的答案是:

1. 神秘评委是狐狸。
2. 因为狐狸想吃蛋,所以举办这个大赛好骗人,骗别人送蛋来。
3. 有乌龟蛋、野鸡蛋、火鸡蛋、恐龙蛋、老鹰蛋、鳄鱼蛋、蟒蛇蛋、天鹅蛋。
4. 我觉得鹅赢了,但是他们要赖了。
5. 没有奖,因为奖的箱子里面没有奖,只有一只大狐狸在里面藏着。

我觉得这本书很有意思,而且里面的狐狸也是很聪明的。因为他们骗鸡鸭鹅来给他自己送蛋,不想其他故事里的狐狸很笨,一下子就被别人骗了。

我觉得这本书很有创意,跟别的狐狸的故事不一样。谢谢你写了这本书,还要感谢画出这本书里的画的人,再见!

## 五、结合主题活动发起亲子单的制作：在亲子互动中丰富幼儿前书写经验

除了亲子阅读，在开展主题活动时或日常班级活动时，班级教师还会请幼儿与家长一同完成各类关于主题内容的调查表、计划表等，例如：我的新闻、旅行感受、我的假期计划、调查表、家庭日记。在完成"作业"的过程中，鼓励幼儿和家长共同参与，一方面在过程中帮助幼儿丰富相关的主题知识和生活经验，一方面也帮助幼儿获得丰富的纸笔互动和书面表达的机会，从而丰富幼儿前书写的经验。

如在开展"新闻小主播"的过程中，家长会带幼儿了解新闻和关注日常生活中发生的有趣的事情，并请幼儿就一件自己感兴趣的事件进行记录。以下是一名幼儿通过前书写的方式记录了一件近期发生的趣事。记录内容根据幼儿的口头分享如下："大家好，我是今天的新闻小主播某某某，2019年10月27日，星期日，上海静安区集市很热闹，有卖好吃的、卖好玩的、卖好房子，还有的（人）在跳舞，谢谢大家。"根据对记录内容的分析，教师发现幼儿画了"波浪"的图画表示"上海"；使用拼音首字母"J"和"柿子"的图画以同音的方式来表示"集市"；画了"流汗"的图画和"脑袋"的图画表示"热闹"；画了"烧麦"图画表示"卖"的读音；还用了"向上的箭头"的符号表示"跳"，用数字"5"表示"舞"。

图 4-8 新闻记录

可见，在家长的鼓励和支持下，幼儿能够对更多生活中关注、发现的事情进行记录，幼儿的纸笔互动经验在过程中得到了有效落实和巩固。当然，我们可以发现除了有幼儿调动已有的文字、符号、图形等经验对事

物的表征,记录纸左上角还有录音贴纸,说明在分享和互动的过程中,幼儿口语表达经验也某种程度上得以促进和发展。

## 六、巧用多途径:帮助家长了解并科学开展前识字活动

课题组认为,正是因为家长对幼儿前识字的经验内容和习得过程的不了解,才会在大班"幼升小"的重要关口,或不知所措,或一味"鸡娃",采取机械练习,灌输认知经验的方式,导致了幼小衔接过程中的"小学化"。因此除了在班级中开展适宜、科学的前识字实践活动,还要做好家教指导,帮助家长了解幼儿前识字经验的内容和发展序列,更加有利于幼儿前识字经验的提升和幼小衔接活动的科学开展。

### (一) 基于观察和实践,帮助家长了解幼儿前识字发展的核心经验

课题组在实践过程中积累了一定的前识字实践案例和过程性经验,通过对案例的解读、幼儿行为和发展的表现性评价,会更加清楚前识字到底是怎么一回事,前识字活动可以怎么做。除了对自身后续教育教学实践活动的指导,课题组也会借助家长会、班级群、班级圈等平台,与家长积极分享前识字活动中的小案例,让家长在案例中了解前识字的核心经验,学会观察孩子,了解孩子。

比如,班级中点名形式做了什么样的变化,为什么做相应的变化;教师后续创设"名字找相同"区域游戏的目的,在这个游戏中可以促进幼儿哪一方面核心经验的发展,而家长在日常又可以如何尝试引导孩子……正是在一次次围绕实践活动的案例分析和沟通中,家长慢慢也了解了前识字是怎么一回事儿。

### (二) 给予具体的操作建议,让家长在日常生活中尝试实践

除了帮助家长了解幼儿前识字发展的核心经验,研究者也会给予家长在日常生活中可以操作的具体建议,更有利于提升家庭教育的质量,促

进幼儿前识字经验的发展。比如日常幼儿在家中完成的绘画作品或者说过的有趣的话,家长可以用文字进行记录,并读给孩子听,让孩子在过程中感知文字可以进行记录的特点;带幼儿去逛超市或者在马路上,孩子对见到的标识、文字感兴趣时,家长可以及时回应,与孩子一起探讨相关标识、文字的含义;还可以鼓励幼儿用自己的方式将看到的符号、文字记录下来等。

### (三) 借助各类活动,帮助家庭养成良好的亲子阅读习惯

早期阅读是提升幼儿前识字核心经验的重要方式,也是培养幼儿阅读理解能力、专注力等的重要策略,有利于幼儿做好幼小衔接准备,因此研究者还积极借助各类活动,帮助家庭养成良好的亲子阅读习惯。如在班级开展"图书漂流"活动,使得幼儿园和家中的绘本资源"互通有无",也会定期在班级群、班级圈围绕亲子阅读展开绘本推荐和亲子互动形式的分享讨论;鼓励家长积极参加幼儿园暑期"启阅计划",坚持每周进行阅读打卡;鼓励家长尝试丰富亲子在阅读中或阅读后的互动,比如与幼儿围绕绘本或绘本角色进行讨论,并记录幼儿的话语;与幼儿用绘本中的角色进行互动游戏等。

## 七、亲子各类型语言活动交互开展,促进幼儿语言经验全面提升

由以上对亲子阅读和亲子前书写活动的讨论可知,其中不光融合了前阅读和前书写经验,阅读过程中对故事内容的讨论,故事结束后对故事情节的讲述、表演、绘画、记录完成后对内容的解读等都融入了谈话、讲述等口头语言的经验发展。因此,亲子互动过程中,各类型语言活动也是交互开展的,从而促进幼儿语言经验全面提升。

比如在日常生活中带幼儿去动物园参观后,可以和孩子就动物的外形特征、生活习性展开交流,比如小动物是长什么样的?它是如何行走的?它有什么本领?也可以以前书写的方式鼓励孩子画一画、记一记、写

一写。比如一般家庭中都有的丰富的绘本资源,除了可以开展亲子阅读活动,培养幼儿的阅读习惯,提升阅读经验,引导幼儿感知书面语言的功能,绘本本身还可以作为凭借物,开展亲子讲述活动、亲子表演等。

图4-9 亲子阅读过程中家长与幼儿一起整理的思维导图

# 第五章
# 幼儿园语言入学准备研究的成效以及未来展望

通过前测,我们发现了我园所存在的语言入学准备问题,反思了这些问题背后的原因,并有针对性地从语言环境、活动组织和家庭环境支持三个角度,开展了提升我园幼儿语言入学准备水平的行动研究。那么,这些策略是否带来儿童语言入学准备水平的提升呢?本章,我们主要聚焦三维度,分别剖析通过我们的语言入学准备行动研究的实施,在语言发展、语言学习品质以及园所和教师发展上的改变。

## 一、幼儿园语言入学准备的成效:语言发展

经过一系列的教育实践与家庭指导,幼儿的语言经验不断丰富与发展,为了解幼儿语言入学准备的具体情况,我们对幼儿进行再次评估,评估标准仍使用"研究一"[①]中的幼儿语言入学准备评价指标。

### (一)能安静地倾听他人讲话,遵守轮流发言的规则礼貌交谈,初步使用谈话策略,能借助语气、动作、表情来辅助表达

通过数据统计及分析,本课题组发现在大班末期,幼儿谈话经验相比较中班初期有很大的提升,其中只有10%的幼儿处于谈话水平发展的初

---

① 见正文第23页,指"在园幼儿语言核心经验发展的现状研究"。

表 5-1 大班幼儿期末谈话经验情况表

| 表现阶段 | 人次 | 百分比 |
| --- | --- | --- |
| 无相关经验 | 0 | 0% |
| 初始阶段 | 5 | 10% |
| 稳定阶段 | 25 | 50% |
| 拓展阶段 | 20 | 40% |
| 总计 | 50 | 100% |

始阶段,其典型表现为他们在谈话中很乐于与人交谈,能自主地集中注意力倾听同伴或老师的谈话,并能对他人谈话的内容表达自己的认同与否,对他人的谈话进行评论和提问。比如说在围绕"我爸爸"的主题进行谈话时,有幼儿提到了自己的爸爸力气很大,可以一次举起来两个小朋友,恰巧有另外一个小朋友放学后经常去他家玩,便回应道:"他说的对,上次他爸爸就把我和他一起举起来了!";当有幼儿表示非常爱自己的爸爸,原因是爸爸会经常陪她一起玩游戏,恰巧也有幼儿与其原因相同,便会点头示意,表示共鸣。50%的幼儿处于稳定阶段,其典型表现为在谈话过程中能够初步遵守谈话规则,发言会通过举手、请求的方式先示意,也能够在老

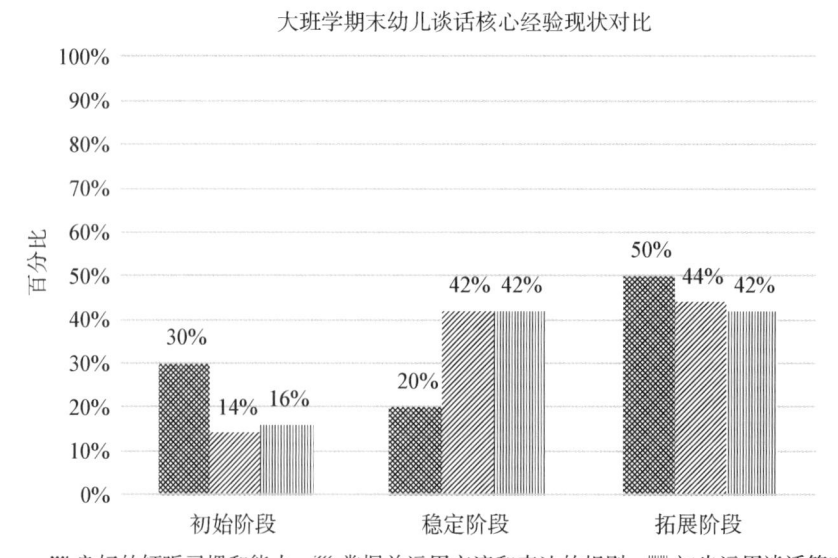

大班学期末幼儿谈话核心经验现状对比

| 阶段 | 良好的倾听习惯和能力 | 掌握并运用交流和表达的规则 | 初步运用谈话策略 |
| --- | --- | --- | --- |
| 初始阶段 | 30% | 14% | 16% |
| 稳定阶段 | 20% | 42% | 42% |
| 拓展阶段 | 50% | 44% | 42% |

图 5-1 大班学期末幼儿谈话核心经验现状对比图

师的提醒下,遵守轮流发言的规则,主动与同伴发起谈话,并能参与到他人的谈话中去。其余约40%的幼儿已经达到了拓展阶段,其典型表现为会采用表情,语气,动作,目光等辅助来表达,并且能围绕固定主题进行谈话,不跑题。比如,在围绕"我爸爸"的主题进行谈话时,当幼儿想表达自己的爸爸力气很大,会说"我爸爸能搬得动很大很大的箱子",在说"很大很大"的时候会用拖长的语气,并且手上还有比划动作表示"很大很大"。

由图5-1可知,谈话方面的三条核心经验中,在"良好的倾听习惯和能力"方面,幼儿表现相对较好,50名幼儿中,10名(20%)幼儿处于稳定阶段,15名(30%)幼儿处于初始阶段,有25名(50%)幼儿在阅读行为习惯方面表现突出,达到拓展阶段。在"掌握并运用交流和表达的规则"方面,约21名(42%)幼儿发展处于稳定阶段,7名(14%)幼儿处于初始阶段,22名(44%)幼儿达到拓展阶段。在"初步运用谈话策略"方面,8名(16%)幼儿处于初始阶段,21名(42%)幼儿达到稳定阶段,22名(44%)幼儿达到拓展阶段。

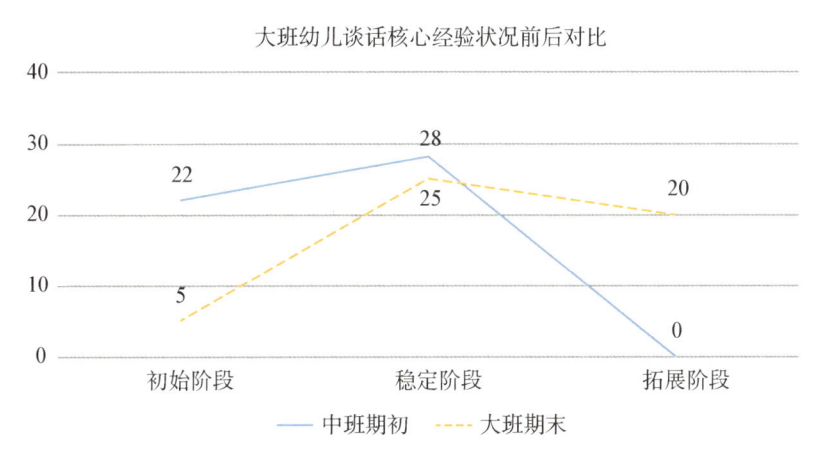

图5-2 大班幼儿谈话核心经验前后对比图

对比中班初期的幼儿谈话核心经验发展数据,到了大班初期有了很大的提升。其中处于核心经验初始阶段的幼儿由原来的44%降到10%;

稳定阶段的幼儿由原来的56%降到40%,拓展阶段由原来的0提升为40%。说明幼儿在这两年中,谈话核心经验在不断朝着他的上一个阶段发展。

其中"良好的倾听习惯和能力"这一条核心经验中,幼儿拓展阶段的比例从原来的2%上升到50%,说明更多的幼儿在谈话中安静倾听他人讲话的能力表现突出;"掌握并运用交流和表达的规则"这一条核心经验中,拓展阶段由原来的2%上升到44%,说明对于谈话中"对谈话规则的遵守",部分幼儿获得了突出的表现;"初步运用谈话策略"这一条核心经验中,拓展阶段由原来的0上升到42%,说明更多的幼儿能够借助语气、动作、目光等辅助表达自己的观点。

综上研究数据显示,经过两年的研究,对幼儿语言入学准备各项教育活动的开展,以及教师专业合理的引导能够有效地促进幼儿谈话能力的发展。

## (二) 幼儿能够根据不同的讲述对象,独立构思、选择适宜的词句组织讲述,内容较为丰富完整,逻辑性、连贯性有所增强

1. 叙事性讲述

表5-2 大班幼儿期末叙事性讲述情况表

| 表现阶段 | 人次 | 百分比 |
| --- | --- | --- |
| 无相关经验 | 0 | 0% |
| 初始阶段 | 6 | 12% |
| 稳定阶段 | 21 | 42% |
| 拓展阶段 | 23 | 46% |
| 总计 | 50 | 100% |

通过数据统计及分析,本课题组发现在大班末期,幼儿的叙事性讲述经验相比较中班初期有很大提升,其中只有12%的幼儿处于初始阶段,其

典型性行为表现为知道讲述与谈话不同,愿意在熟悉的人面前大胆讲述,基本围绕某一个主题讲述 1—2 个情节,使用名词、动词讲述人、事、物的名称。比如孩子在看图讲述时,这样说道:"小兔子和小猪手挽着手,蹦蹦跳跳地去野餐了,他们在不远处看到了一片草地,坐了下来。小兔子把野餐垫铺好,小猪打开野餐篮,把食物拿出来放在野餐垫上,开始享受美味的食物。"42%的幼儿处于稳定阶段,其典型性行为表现为在围绕主题进行讲述时,能够使用恰当的词汇讲述直观的事物特征或现象,使用常见的不同句式和连接词,在有凭借物的情况下,能够在集体面前独立讲述,简单构思,必要时辅以动作、表情。例如幼儿在看图讲述时,通过翻页阅读,使用连接词表明情节关系,例如使用"一天,过了很久之后,接着,然后,还,再,最后"等连接词,使讲述的情节更完整。有 46%的幼儿处于拓展阶段,其典型性行为表现为能够根据讲述对象和内容的不同,准确运用适宜的词汇进行讲述,能够感知叙事性语言和日常用语的不同,在讲述时详略

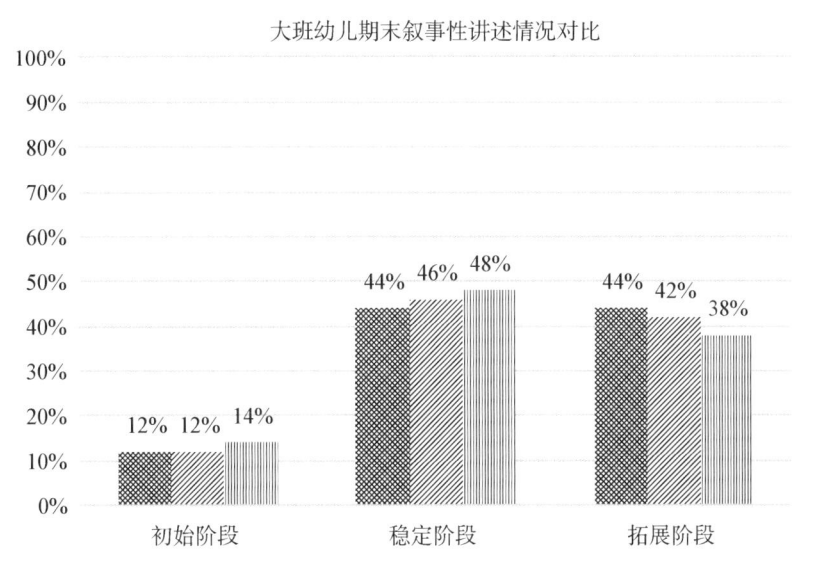

大班幼儿期末叙事性讲述情况对比

| 阶段 | 根据不同的讲述类型使用适宜的词句 | 理解不同讲述类型的内容组织形式 | 以独白语言的形式进行讲述 |
|---|---|---|---|
| 初始阶段 | 12% | 12% | 14% |
| 稳定阶段 | 44% | 46% | 48% |
| 拓展阶段 | 44% | 42% | 38% |

图 5-3 大班幼儿期末叙事性讲述对比图

得当,具体讲述某一事件时,能够讲清楚 2 个以上情节及其关系,运用连接词表明情节关系,同时在讲述时能够运用表情、动作表达一些观点或评价。例如幼儿在看图讲述时,会使用"因为……所以……"来表示事件前后的因果关系,例如"因为,小猪狼吞虎咽地把所有食物都吃完了,所以它有点消化不良,肚子胀地像个皮球。"在讲述时,会不自觉的模仿小猪狼吞虎咽吃东西的动作、声音,讲完后情不自禁的拍拍肚子,摇摇手说:"小猪这样吃食物会把肚子撑破的,这样是不对的,应该要像我们在幼儿园里吃饭一样,吃多少盛多少,细嚼慢咽,这样肚子就不会难受了。"

由图 5-3 可知,在叙事性讲述的三条核心经验中,在"根据不同的讲述类型使用适宜的词句"方面,50 名幼儿中,只有 6 名(12%)处于初始阶段;各有 22 名(44%)幼儿处于稳定阶段与拓展阶段。在"理解不同讲述类型的内容组织方式"方面,只有 6 名(12%)处于初始阶段;23 名(46%)幼儿达到稳定阶段;21 名(42%)幼儿发展到拓展阶段。在"以独白语言的形式进行讲述"方面,7 名(14%)幼儿处于初始阶段;24 名(48%)幼儿处于稳定阶段;19 名(38%)幼儿达到拓展阶段。

对比中班初期的幼儿叙事性讲述核心经验发展数据,到了大班初期有了很大的提升。其中在核心经验初始阶段的幼儿,大班学期末幼儿人

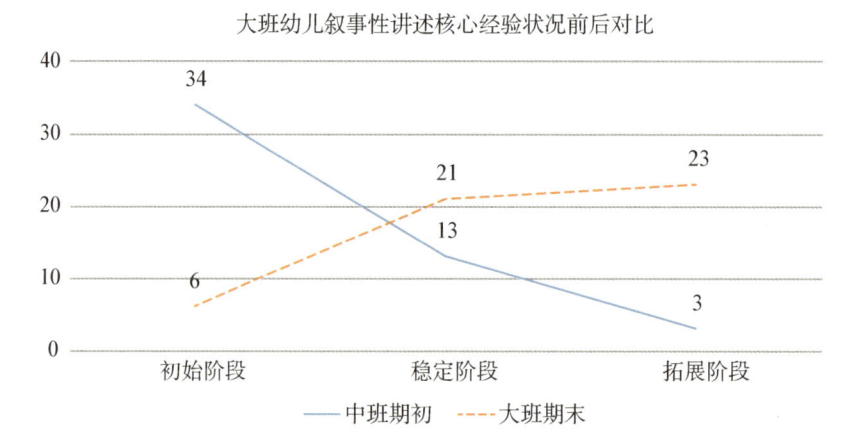

图 5-4 大班幼儿叙事性讲述前后对比图

数相比下降了28名(56%)幼儿,这说明有56%的幼儿已经进步到了稳定或拓展阶段;在稳定阶段,幼儿人数由原来的26%上升到42%,相比增加了16%;在拓展阶段,由原来的6%上升到46%,增长40%。叙事性讲述水平发展在初始阶段的比例有明显的下降,而在拓展阶段的幼儿比例有明显提升,这说明幼儿叙事性讲述水平与发展整体呈螺旋式向上发展,相较于中班学期初的评估水平,有明显的提高。

其中"根据不同的讲述类型使用适宜的词句"这一条核心经验中,幼儿拓展阶段的比例从原来的2%上升到44%,说明更多的幼儿在叙事性讲述时有别于日常口语化用语,能够体会并理解叙事性讲述的语句特点,语句的生动性、形象性方面有很大提升;"理解不同讲述类型的内容组织形式"这一条核心经验中,拓展阶段由原来的2%上升到42%,说明更多的幼儿在叙事性讲述时,在构思的完整性和语言的连贯性方面有很大提升;"以独白语言的形式进行讲述"这一条核心经验中,拓展阶段由原来的6%上升到38%,说明部分幼儿在讲述时的肢体语言表达能力有所提升,能够借助丰富的表情,动作等表达自己的观点或评价。

综上研究数据显示,经过两年的研究,对幼儿语言入学准备各项教育活动的开展,以及教师专业合理的引导能够有效的促进幼儿叙事性讲述能力的发展。

2. 说明性讲述

表5-3 大班幼儿期末说明性讲述情况表

| 表现阶段 | 人次 | 百分比 |
| --- | --- | --- |
| 无相关经验 | 0 | 0% |
| 初始阶段 | 4 | 8% |
| 稳定阶段 | 11 | 22% |
| 拓展阶段 | 35 | 70% |
| 总计 | 50 | 100% |

评估结果表明,到了大班下学期,幼儿说明性讲述的水平有着显著的提高,除了个别幼儿仍处于说明性讲述水平与发展的初始阶段,占评估总人数的8%,部分幼儿已过渡到说明性讲述水平与发展的稳定阶段,占评估总人数的22%,大部分幼儿已顺利达到说明性讲述水平与发展的拓展阶段,占评估总人数的70%。从幼儿评估中的表现可以发现,在进行说明性讲述的时候,幼儿能够很好地契合主题展开讲述,表达的内容更多,讲述维度的拓展、所用词汇的丰富性、讲述篇幅的长短都有不同程度的提升。

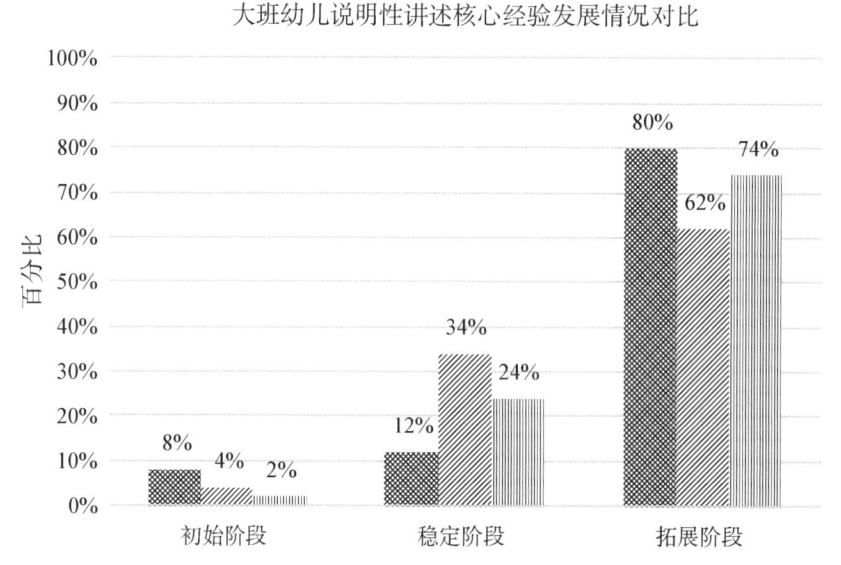

大班幼儿说明性讲述核心经验发展情况对比

| 阶段 | 根据不同的讲述类型使用适宜的词句 | 理解不同讲述类型的内容组织方式 | 以独白的形式进行讲述 |
|---|---|---|---|
| 初始阶段 | 8% | 4% | 2% |
| 稳定阶段 | 12% | 34% | 24% |
| 拓展阶段 | 80% | 62% | 74% |

图 5-5 大班幼儿说明性讲述核心经验发展现状对比

通过图5-5可以看出,在幼儿讲述的核心经验的三个范畴中:幼儿在进行说明性讲述时,在"根据不同的讲述类型使用适宜的词句"方面,50名幼儿中,4名(8%)幼儿处于初始阶段,6名(12%)幼儿处于稳定阶段,40名(80%)幼儿达到拓展阶段,在讲述中能够较为准确地运用名词、形容词、方位词,能使用事物的规范名称,而非口语化的、不规范的名称。在"理解不同讲述类型的内容组织方式"方面,约2名(4%)幼儿发展处于初始阶段,仅能够讲述直观的事物特征;17名(34%)幼儿处于稳定阶段,能够按照一定的顺序讲述某事物的特征,如从里到外、从上到下;31名(62%)幼儿已经达到拓展阶段,能够根据不同讲述对象的特点,分主次进行讲述。在"以独白语言的形式进行讲述"方面,1名(2%)幼儿处于初始阶段,愿意在熟悉的人面前独立讲述;12名(24%)幼儿发展达到稳定阶段,在有凭借物的情况下,能够在集体面前独立讲述,但在构思讲述内容方面尚需成人的指导与辅助;37名(74%)幼儿达到拓展阶段,能够在借助凭借物的情况下独立构思讲述内容。可见,大班下学期,幼儿的说明性讲述能力不论从整体水平,还是从三条核心经验来看,都有显著地进步与提升。

大班幼儿说明性讲述核心经验状况前后对比

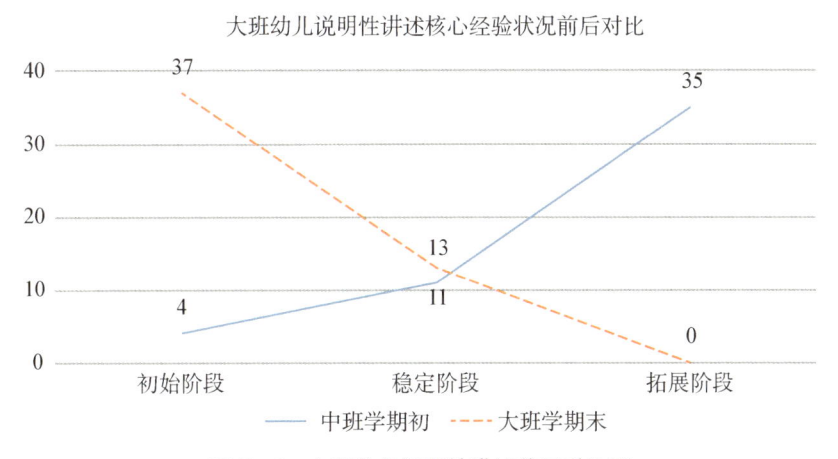

| 阶段 | 中班学期初 | 大班学期末 |
|---|---|---|
| 初始阶段 | 4 | 37 |
| 稳定阶段 | 11 | 13 |
| 拓展阶段 | 35 | 0 |

图 5-6 大班幼儿说明性讲述前后对比图

对比中班初期与大班期末幼儿说明性讲述核心经验水平的发展数据可以看到,处于初始阶段的幼儿从37名(74%)减少到了4名(8%),稳定阶段的幼儿由13名(26%)过渡为11名(22%),而在中班期初没有幼儿能够达到的拓展阶段,在大班期末增长至35名(70%),可见经过两轮的发展和全面的有关说明性讲述的实践,幼儿的讲述水平得到了较大发展与突破。

## (三)幼儿能坚持自己的观点并针对不同观点进行反驳,能有意识地运用和积累多种辩论方法,熟悉辩论的规则

表 5-4  大班幼儿期末辩论经验情况表

| 表现阶段 | 人次 | 百分比 |
| --- | --- | --- |
| 无相关经验 | 0 | 0% |
| 初始阶段 | 2 | 4% |
| 稳定阶段 | 11 | 22% |
| 拓展阶段 | 37 | 74% |
| 总计 | 50 | 100% |

通过数据统计及分析,研究者发现在大班末期,幼儿辩论经验相比较大班初期有很大的提升,其中74%的幼儿处于辩论水平发展的拓展阶段,其典型表现为能够解释并坚持自己的观点,在有质疑、有反驳的情况下,多角度地坚持自己的观点,同时能有意识地运用和积累各种辩论方法针对不同的观点进行反驳。比如说在辩论活动"用 iPad 好还是不好"中,幼儿借助思维导图等方式,先梳理己方的观点和理由,然后再有意识地运用辩论方法进行辩论。认为用 iPad 好的一方认为,iPad 有娱乐、方便等作用;认为 iPad 不好的一方认为,多用电子产品影响视力也浪费时间。他们在辩论中运用"陈述"的辩论方法:"我认为用 iPad 好,因为可以玩游戏,还可以看动画片",也运用"假设"和"举例"的方法:"我认为用 iPad 不好,如果每天看 iPad,眼睛坏掉怎么办? 你看我们班某某就戴眼镜了。"22%的幼儿处于稳定阶段,其典型性表现为知道按照一定规则进行辩论,尊重别人不同的观点,可以通过寻找别人观点的漏洞进行反驳,同时找出不同的理由来解释证明自己的观点等。4%的幼儿处于初始阶段,到大班学期末,处于此阶段的幼儿较少,具体表现为倾听为主,较少主动发言。

由图 5-7 可知,辩论方面的三条核心经验中,在"理解和尊重别人观点的经验"方面,幼儿表现相对较好,50 名幼儿中,6 名(12%)幼儿处于稳

大班学期末幼儿辩论核心经验现状对比

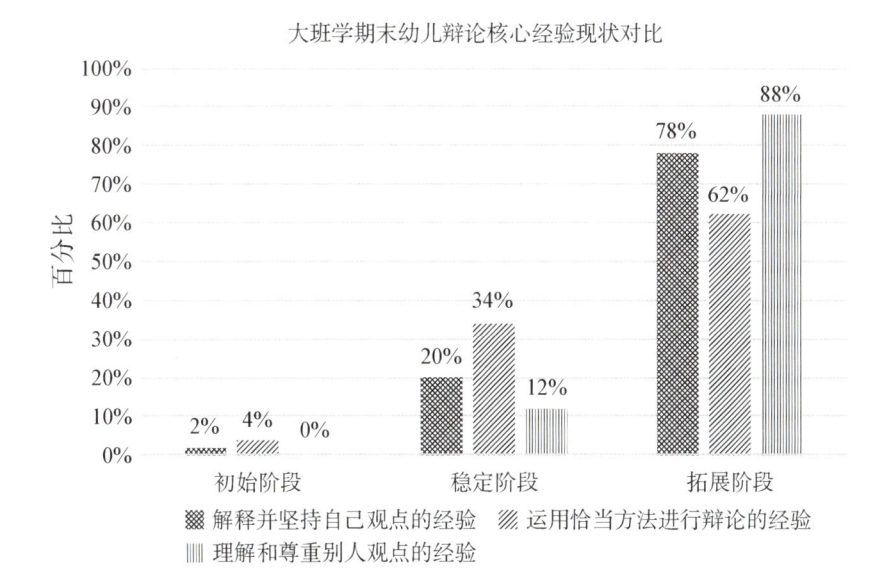

图 5-7　大班学期末幼儿辩论核心经验现状对比图

定阶段;有 44 名(88%)幼儿在使用文明用语与平和的语言进行辩论方面表现突出,达到拓展阶段。在"运用恰当方法进行辩论的经验"方面,约 17 名(34%)幼儿发展处于稳定阶段;2 名(4%)幼儿处于初始阶段;31 名(62%)幼儿达到拓展阶段。在"解释并坚持自己观点的经验"方面,1 名

大班幼儿辩论核心经验状况前后对比

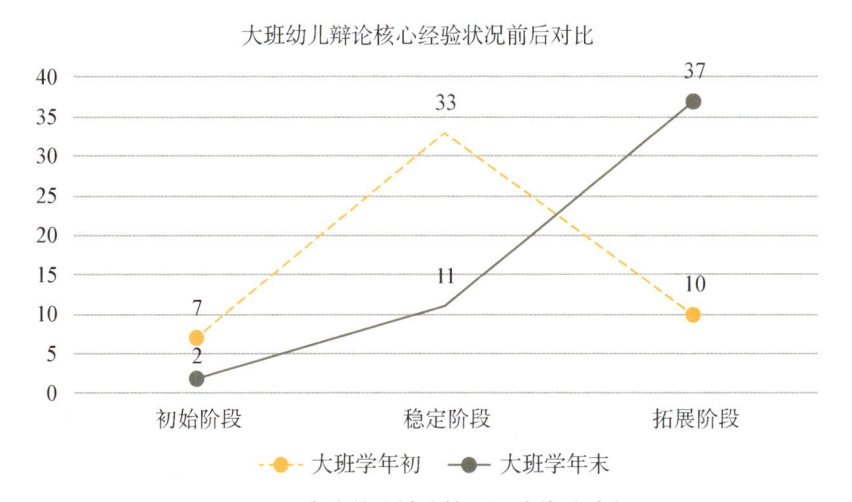

图 5-8　大班幼儿辩论核心经验前后对比图

(2%)幼儿处于初始阶段;10 名(20%)幼儿达到稳定阶段;39 名(78%)幼儿达到拓展阶段。

对比大班初期的幼儿辩论核心经验发展数据,到了大班学年末有了很大的提升。其中处于初始阶段的幼儿由原来的 14% 降到 4%,稳定经验的幼儿由原来的 66% 降到 22%,拓展阶段由原来的 20% 提升为 74%。说明幼儿在这一年中,辩论核心经验在不断朝着他的上一个阶段发展。

其中"解释并坚持自己观点的经验"这一核心经验中,学年初 50% 的幼儿处于稳定阶段,有坚持自己观点的态度倾向,尝试找出不同的理由来解释证明自己的观点。学年末后测时,折线图呈上升趋势,幼儿辩论的语言能力显著提高,78% 的幼儿处于拓展阶段,能在有质疑、有反驳的情况下,多角度地坚持自己的观点,并针对不同的观点进行反驳,说服对方认可自己的观点。"运用恰当方法进行辩论的经验"这一核心经验中,学年初 21% 的幼儿处于初始阶段,尝试着用个别方法解释自己的观点或反驳别人的观点;74% 的幼儿处于稳定阶段,开始运用多种辩论方法,如"陈述"用后用"举例"等。经过一学年的实验研究,幼儿辩论发展水平显著提升,62% 的幼儿能达到拓展阶段,能够有意识地运用和积累一些辩论方法。"理解和尊重别人观点的经验"这一核心经验中,学年初 60% 的幼儿处于稳定阶段,具体表现为交流时不随意地插话、抢话,仔细地倾听并明白别人的观点。到了学年末,88% 的幼儿已经处于拓展阶段,能尊重别人不同的观点,学习按照一定的规则进行辩论,说话语气不蛮横,使用文明用语发表不同意见。

辩论需要幼儿具备良好的口头语言能力与敏捷的思维能力,这种能力需要多次尝试,才能得到很好的提升。综上研究数据显示,经过一年的研究,幼儿语言入学准备各项教育活动的开展,以及教师专业合理的引导能够有效的促进幼儿辩论能力的发展,从而培养学前儿童评判性思维与独立思考能力。

## （四）幼儿阅读行为习惯继续稳步发展，阅读内容的理解与阅读策略以及对阅读内容的表达与评判经验显著提升

表 5-5　中班幼儿期末前阅读核心经验总体发展情况

| 表现阶段 | 人次 | 百分比 |
| --- | --- | --- |
| 无相关经验 | 0 | 0% |
| 初始阶段 | 0 | 0% |
| 稳定阶段 | 37 | 74% |
| 拓展阶段 | 13 | 26% |
| 总计 | 50 | 100% |

通过数据统计及分析，课题组发现经过中班一学年的发展，在学年末，实验班幼儿的前阅读水平有了较大的发展。从前阅读整体的发展情况而言，学年初各约 50% 的幼儿分别处于初始阶段和稳定阶段；而学年末，所有幼儿都步入稳定阶段和拓展阶段，其中 37 名（74%）幼儿处于稳定阶段，13 名（26%）幼儿处于拓展阶段。

从幼儿前阅读方面的三条核心经验看，在前测中表现相对较好的"良好的阅读习惯和行为养成"方面，幼儿持续发展，33 名（66%）幼儿处于拓

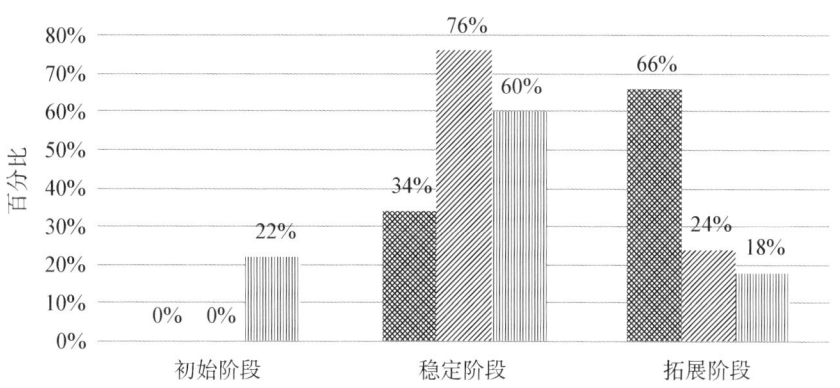

图 5-9　中班学期末幼儿前阅读核心经验发展情况图

展阶段,17 名(34%)幼儿处于稳定阶段,没有幼儿处于初始阶段。在前测中表现相对薄弱的"阅读内容的理解和阅读策略的形成"方面,12 名(24%)幼儿处于拓展阶段,38 名(76%)幼儿处于稳定阶段,相对比前测中无人达到拓展阶段,约一半幼儿仍处于初始阶段相比,有了较大的进步和发展。在前测中表现最弱的"阅读内容的表达和评判"方面,处于初始阶段的幼儿减少到 11 人(22%),处于稳定阶段的幼儿增长为 30 人(60%),处于拓展阶段的幼儿由 0 人增长为 9 人(18%)。由此可见,在中班学年末,幼儿不论在前阅读整体发展水平方面,还是在前阅读的三条核心经验方面都获得了较大的发展。

中班幼儿前阅读经验水平前后对比

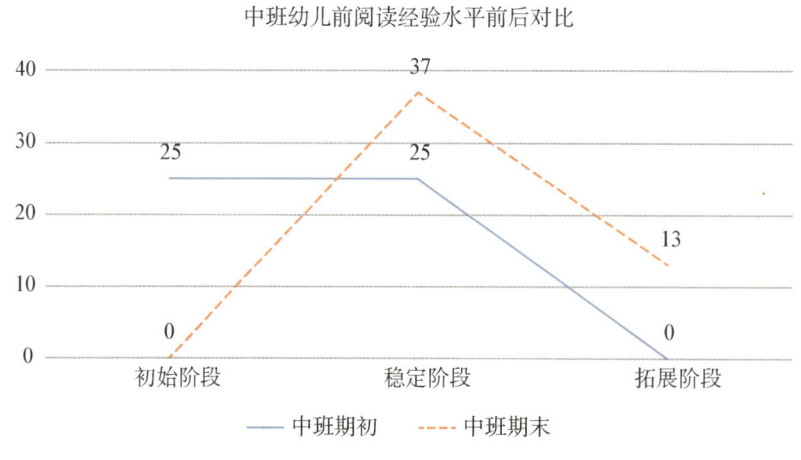

图 5-10 中班幼儿前阅读经验水平前后对比

对比中班初期和期末幼儿前阅读核心经验水平的发展数据发现,经过一年的发展,没有幼儿仍处于初始阶段,稳定阶段的幼儿由 25 人(50%)增长到了 37 人(74%),而拓展阶段的幼儿由 0 人增长到 13 人(26%),可见经过中班一年的发展和前阅读实践,幼儿的前阅读经验水平的发展都得到了较大发展。

## （五）幼儿对符号和文字的功能经验充分，对符号和文字形式以及规则的意识大大提升

表 5-6　大班幼儿期末前识字核心经验总体发展情况表

| 表现阶段 | 人次 | 百分比 |
| --- | --- | --- |
| 无相关经验 | 0 | 0% |
| 初始阶段 | 0 | 0% |
| 稳定阶段 | 15 | 30% |
| 拓展阶段 | 35 | 70% |
| 总计 | 50 | 100% |

通过数据统计及分析，课题组发现在大班末期，幼儿前识字经验相比较大班初期已经有很大的提升，其中 50 名幼儿中，有 15 名幼儿（30%）处于前识字经验发展的稳定阶段，其典型表现为已经知道生活中文字的意思和功能，开始能找到不同汉字中相同的部件，初步了解符号、文字的一

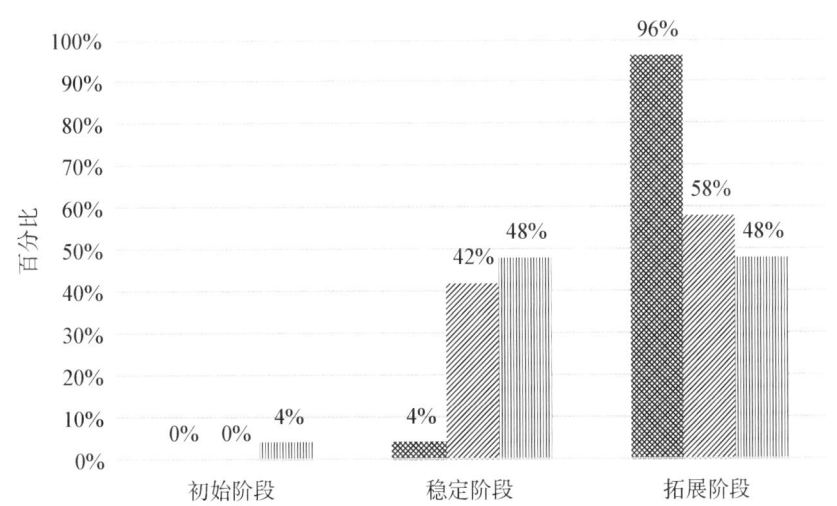

图 5-11　大班学期末幼儿前识字核心经验发展情况图

些排列和阅读方式等;35 名幼儿(70%)处于前识字经验水平的拓展阶段,其典型表现为能有意识地使用符号或文字进行表征,在日常已经初步感知到汉字的构字规则,并且在生活或阅读中积极再认已习得的文字,或者通过一定的线索来猜测文字的含义。

对前识字三条核心经验的发展情况具体分析发现,在"获得符号和文字功能的意识"方面,基本所有幼儿都达到拓展阶段,仅有 2 名幼儿处于稳定阶段。在"获得符号和文字形式的意识"方面,所有幼儿都处于稳定阶段和拓展阶段,其中 21 名(42%)幼儿处于稳定阶段,29 名(58%)幼儿已达到拓展阶段。在"符号和文字规则的意识"方面,稳定阶段和拓展阶段的幼儿人数也各占 48%,仅有 2 名幼儿还处于初始阶段。

大班幼儿前识字经验水平前后对比

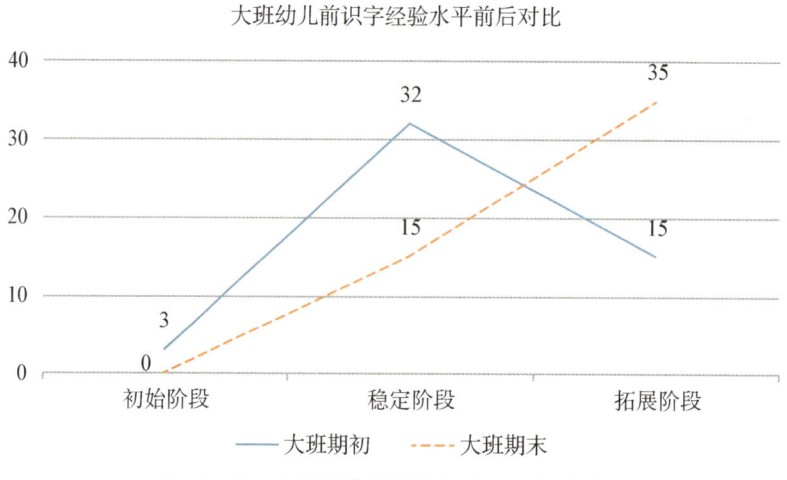

图 5-12 大班幼儿前识字经验水平前后对比

对比大班初期和期末幼儿前识字核心经验水平的发展数据发现,经过一年的发展,没有幼儿仍处于初始阶段,稳定阶段的幼儿由 32 人(64%)降到了 15 人(30%),而拓展阶段的幼儿由 15 人(30%)增长到 35 人(70%),可见经过大班一年的发展,大部分幼儿前识字经验水平的发展都达到了拓展阶段。这与这一年前识字活动的教育实践中,课题组更加关注大班初期幼儿前识字经验发展中比较薄弱的"对符号和文字形式的意识"以及"对符号和文字规则的意识"两方面密不可分。

### (六) 幼儿对汉字结构特点和创意多元表征的经验大大提升

表 5-7 大班幼儿期末前书写核心经验总体发展情况表

| 表现阶段 | 人次 | 百分比 |
|---|---|---|
| 无相关经验 | 0 | 0% |
| 初始阶段 | 0 | 0% |
| 稳定阶段 | 19 | 38% |
| 拓展阶段 | 31 | 62% |
| 总计 | 50 | 100% |

通过数据统计及分析,研究者发现在大班末期,幼儿前书写经验相比较中班初期已经有很大的提升,其中 50 名幼儿中,有 19 名幼儿处于前书

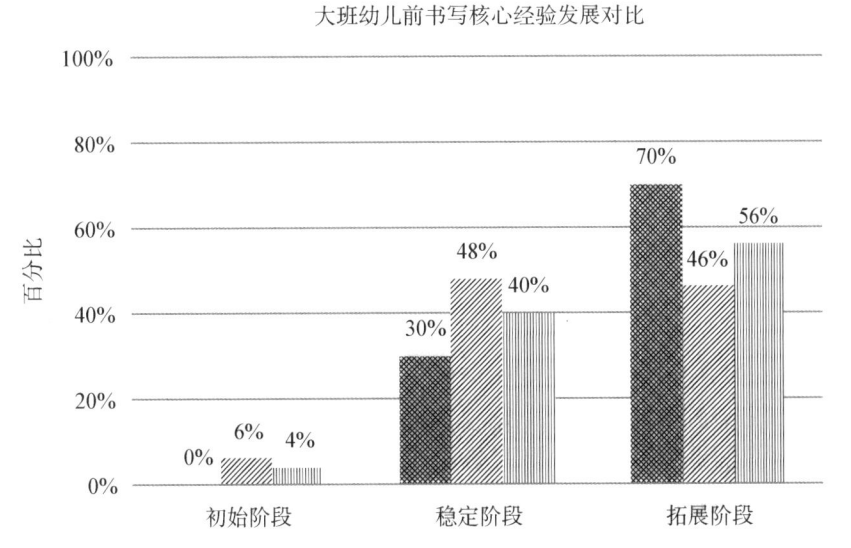

大班幼儿前书写核心经验发展对比

| 阶段 | 建立书写行为习惯的经验 | 建立理解汉字结构的经验 | 学习创意书写表达的经验 |
|---|---|---|---|
| 初始阶段 | 0% | 6% | 4% |
| 稳定阶段 | 30% | 48% | 40% |
| 拓展阶段 | 70% | 46% | 56% |

图 5-13 大班学期末幼儿前书写核心经验发展情况图

写经验发展稳定阶段,其典型表现为有初步的与纸笔互动的"书写"经验,能发现汉字"一字一音"的特点,能使用图画、符号、文字等多种形式,创造性地表达比较复杂的意思等,占比 38%;31 名幼儿处于前书写经验水平的拓展阶段,其典型表现为能积累并能够书写一些简单的汉字字形,能理解汉字之间的间隔,书写时逐步统一字的大小,在创意书写中出现利用汉字"同音""形似"等特点进行的书写,能够表达复杂的内容,这部分幼儿占比达 62%。

对前书写三条核心经验的发展情况具体分析发现,在"建立书写行为习惯"方面,所有幼儿均处于稳定和拓展阶段,其中 15 名幼儿处于稳定阶段,占比 30%;大部分幼儿处于拓展阶段,占比达 70%。在"感知理解汉字结构"方面,大部分幼儿都处于稳定阶段和拓展阶段,其中 24 名幼儿处于稳定阶段,23 名幼儿已达到拓展阶段,分别占比 48% 和 46%,仅 3 名幼儿还处于初始阶段。在"学习创意书写表达"方面,稳定阶段和拓展阶段的幼儿人数分别为 20 人和 28 人,占比分别为 40% 和 56%,仅有 2 名幼儿还处于初始阶段。

大班幼儿前书写经验水平前后对比

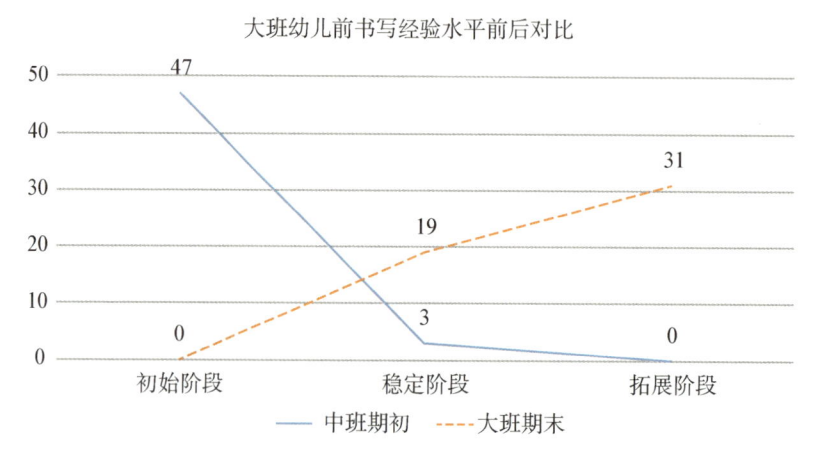

图 5-14 大班幼儿前书写经验水平前后对比

对比中班初期和期末幼儿前书写核心经验水平的发展数据发现,经过两年的发展,绝大部分幼儿从原先的初始阶段慢慢发展至稳定和拓展阶段,大班期末,已经没有幼儿前书写水平仍处于初始阶段;相比中班初期,稳定阶段的幼儿由 3 人(6%)上升到了 19 人(38%),比例上升明显,而拓展阶段的幼儿由 0 人(0%)增长到 31 人(62%),可见经过两年的发展,班级大部分幼儿前书写经验水平的发展都达到了拓展阶段。由此可见,只要通过科学合理地引导,加之研究者对"汉字结构特点"和"创意多元表征的经验"的关注,配合前书写环境的落实,幼儿的相关能力水平一定能得到质的飞跃。

## 二、幼儿园语言入学准备的成效:语言学习品质视角

本课题组经过两年的入学准备研究,在研究后期对已经进入小学的研究对象进行了追踪测评,比如:对小学语文教师进行访谈,邀请教师将他们的"幼儿语言学习品质评价"数据与同班其他幼儿园未参与语言入学准备活动的幼儿进行对比等。下面将从这两个方面来分析,进一步了解幼儿入学准备的情况,其中访谈提纲以及幼儿语言学习品质评价表见附录。

### (一) 语言学习品质评价整体情况对比分析

经过小学教师对班级幼儿"语言学习品质"评价后,将本园毕业的参与语言入学准备幼儿的评价结果与非本园毕业未参与语言入学准备幼儿的评价结果进行对比分析,分别从整体评价情况和七个维度的 20 条具体内容进行对比,具体情况如下:

根据独立样本 T 检验发现,P 值均为 0.000<0.001,可以得出结论,本园毕业幼儿与非本园毕业幼儿在语言学习品质评价中有显著差异。

表 5-8　参与和未参与语言入学准备幼儿语言学习品质评价整体情况表

| 本园幼儿与非本园幼儿 | | N | 均值 | 标准差 | 均值的标准误 |
|---|---|---|---|---|---|
| 好奇心与兴趣 | 本园幼儿 | 50 | 8.98 | 1.301 | .184 |
| | 非本园幼儿 | 50 | 7.96 | 1.228 | .174 |
| 注意力 | 本园幼儿 | 50 | 8.50 | 1.282 | .181 |
| | 非本园幼儿 | 50 | 7.74 | 1.411 | .200 |
| 倾听能力 | 本园幼儿 | 50 | 8.98 | 1.286 | .182 |
| | 非本园幼儿 | 50 | 7.68 | 1.269 | .179 |
| 口头表达 | 本园幼儿 | 50 | 12.92 | 1.676 | .237 |
| | 非本园幼儿 | 50 | 10.74 | 1.957 | .277 |
| 阅读技能 | 本园幼儿 | 50 | 16.80 | 2.548 | .360 |
| | 非本园幼儿 | 50 | 15.26 | 2.633 | .372 |
| 汉字理解 | 本园幼儿 | 50 | 13.10 | 1.644 | .233 |
| | 非本园幼儿 | 50 | 11.50 | 2.150 | .304 |
| 书写技能 | 本园幼儿 | 50 | 17.06 | 1.994 | .282 |
| | 非本园幼儿 | 50 | 15.32 | 2.965 | .419 |

由表 5-8 可见,在评价的七个维度中,参与入学准备的幼儿七个维度的平均值均大于未参与入学准备幼儿的平均值。由此可见经过本课题组对幼儿的语言入学准备进行干预,在他们进入小学后在语文学习方面表现出相对的优势,有了幼儿园的经验,在过渡到小学语文学习时,语言学习兴趣、听说读写的习惯和能力较未参与语言入学准备幼儿有更好的发展。

1. 好奇心与兴趣情况对比分析

在学习品质评价表中,好奇心与兴趣这一维度有对语文学习表现出好奇、对语文学习表现出持续的兴趣这两项具体内容,对参与语言入学准备幼儿与未参与语言入学准备幼儿进行分析后,具体内容如下:

根据独立样本 T 检验发现,P 值均为 0.000<0.001,可以得出结论,本园毕业幼儿与非本园毕业幼儿在对"语文学习表现出好奇"和"对语文学习表现出持续的兴趣"这两项评价中有显著差异。

表5-9　参与未参与语言入学准备幼儿对语文学习的好奇心与兴趣情况表

| 本园幼儿与非本园幼儿 | | N | 均值 | 标准差 | 均值的标准误 |
|---|---|---|---|---|---|
| 对语文学习表现出好奇 | 本园幼儿 | 50 | 4.60 | .571 | .081 |
| | 非本园幼儿 | 50 | 4.08 | .695 | .098 |
| 对语文学习表现出持续的兴趣 | 本园幼儿 | 50 | 4.46 | .676 | .096 |
| | 非本园幼儿 | 50 | 3.88 | .718 | .102 |

由表5-9可见,参与语言入学准备幼儿的两项平均值都高于未参与语言入学准备幼儿。说明参与语言入学准备的幼儿相对未参与语言入学准备的幼儿有较多数幼儿在对语文学习表现出好奇,并且表现出持续的兴趣。本课题在语言入学准备的实践中组织了大量的语言相关听说读写的活动,提供了丰富的语言环境,并结合家园合作,让幼儿在这个过程中潜移默化,对语言的学习产生了较大的兴趣。

2. 注意力对比分析

在学习品质评价表中,注意力这一维度有刚开始时注意力集中、能较长时间注意力集中这两项具体内容,对参与语言入学准备幼儿与未参与语言入学准备幼儿进行分析后,具体内容如下:

根据独立样本T检验发现,P值均为0.000<0.001,可以得出结论,本园毕业幼儿与非本园毕业幼儿在对"刚开始注意力集中"和"能较长时间注意力集中"这两项评价中有显著差异。

表5-10　参与和未参与语言入学准备幼儿学习注意力情况表

| 本园幼儿与非本园幼儿 | | N | 均值 | 标准差 | 均值的标准误 |
|---|---|---|---|---|---|
| 刚开始时注意力集中 | 本园幼儿 | 50 | 4.44 | .644 | .091 |
| | 非本园幼儿 | 50 | 4.04 | .727 | .103 |
| 能较长时间注意力集中 | 本园幼儿 | 50 | 4.06 | .843 | .119 |
| | 非本园幼儿 | 50 | 3.70 | .814 | .115 |

由表5-10可见,参与语言入学准备幼儿的两项平均值都高于未参

与语言入学准备幼儿。说明参与语言入学准备的幼儿相对未参与语言入学准备的幼儿有较多数幼儿在对语文学习过程中能集中注意力并较长时间集中注意力。由前面的分析可知参与语言入学准备的幼儿在进入小学后对语文的学习表现出较高的兴趣,这也一定程度上使幼儿能更持久的集中注意力学习语文。

3. 倾听能力对比分析

在学习品质评价表中,倾听能力这一维度有倾听习惯、倾听质量这两项具体内容,对参与语言入学准备幼儿与未参与语言入学准备幼儿进行分析后,具体内容如下:

根据独立样本 T 检验发现,P 值均为 0.000<0.001,可以得出结论,本园毕业幼儿与非本园毕业幼儿在对"倾听习惯"和"倾听质量"这两项评价中有显著差异。

表 5-11 参与和未参与语言入学准备幼儿倾听能力情况表

| 本园幼儿与非本园幼儿 | | N | 均值 | 标准差 | 均值的标准误 |
| --- | --- | --- | --- | --- | --- |
| 倾听习惯 | 本园幼儿 | 50 | 4.52 | .677 | .096 |
| | 非本园幼儿 | 50 | 3.86 | .670 | .095 |
| 倾听质量 | 本园幼儿 | 50 | 4.46 | .706 | .100 |
| | 非本园幼儿 | 50 | 3.82 | .661 | .093 |

由表 5-11 可见,在倾听习惯这项内容上,参与语言入学准备幼儿的两项平均值都高于未参与语言入学准备幼儿。说明参与语言入学准备的幼儿相对未参与语言入学准备的幼儿有较多数幼儿倾听习惯和倾听质量的发展有所优势。在本课题组的语言入学准备研究中,倾听能力一直是一项研究重点,在听说读写的任何一个语言活动中都会强调幼儿的倾听习惯,并对倾听内容作出反馈,从而提高倾听的质量,并且在环境创设中会有丰富的标识提醒幼儿学会倾听。

#### 4. 口头表达对比分析

在学习品质评价表中,口头表达这一维度有交谈能力、讲述能力、辩论能力这三项具体内容,对参与语言入学准备幼儿与未参与语言入学准备幼儿进行分析后,具体内容如下:

根据独立样本 T 检验发现,P 值均为 0.000＜0.001,可以得出结论,本园毕业幼儿与非本园毕业幼儿在对"交谈能力"、"讲述能力"和"辩论能力"这三项评价中有显著差异。

表 5－12　参与语言入学准备幼儿口头表达情况表

| 本园幼儿与非本园幼儿 | | N | 均值 | 标准差 | 均值的标准误 |
|---|---|---|---|---|---|
| 交谈能力 | 本园幼儿 | 50 | 4.46 | .613 | .087 |
| | 非本园幼儿 | 50 | 3.68 | .794 | .112 |
| 讲述能力 | 本园幼儿 | 50 | 4.48 | .646 | .091 |
| | 非本园幼儿 | 50 | 3.72 | .809 | .114 |
| 辩论能力 | 本园幼儿 | 50 | 4.00 | .756 | .107 |
| | 非本园幼儿 | 50 | 3.34 | .688 | .097 |

由表 5－12 可见,在交谈能力、讲述能力、辩论能力这三项内容上,与语言入学准备幼儿的两项平均值都高于未参与语言入学准备幼儿。说明参与语言入学准备的幼儿在口头表达方面相对未参与语言入学准备的幼儿有发展优势。在本课题组的语言入学准备研究中口头表达进行了大量研究,谈话,讲述和辩论这三个模块分别都设计了大量的教学活动,和丰富的语言环境,为幼儿提供了浸润式的学习氛围,从而促进了幼儿口头表达核心经验的发展,提高了幼儿的口头表达能力。

#### 5. 阅读技能对比分析

在学习品质评价表中,阅读技能这一维度有阅读习惯、阅读兴趣、阅读策略、阅读理解与评判这四项具体内容,对参与语言入学准备幼儿与未参与语言入学准备幼儿进行分析后,具体内容如下:

根据独立样本 T 检验发现，P 值均为 0.000＜0.001，可以得出结论，本园毕业幼儿与非本园毕业幼儿在对"阅读习惯"、"阅读兴趣"、"阅读策略"和"阅读理解与评判"这四项评价中有显著差异。

表 5-13　参与和未参与语言入学准备幼儿阅读技能情况表

| 本园幼儿与非本园幼儿 | | N | 均值 | 标准差 | 均值的标准误 |
| --- | --- | --- | --- | --- | --- |
| 阅读习惯 | 本园幼儿 | 50 | 4.46 | .646 | .091 |
| | 非本园幼儿 | 50 | 4.00 | .728 | .103 |
| 阅读兴趣 | 本园幼儿 | 50 | 4.36 | .631 | .089 |
| | 非本园幼儿 | 50 | 3.96 | .856 | .121 |
| 阅读策略 | 本园幼儿 | 50 | 4.16 | .766 | .108 |
| | 非本园幼儿 | 50 | 3.76 | .771 | .109 |
| 阅读理解与评判 | 本园幼儿 | 50 | 4.16 | .766 | .108 |
| | 非本园幼儿 | 50 | 3.70 | .707 | .100 |

由表 5-13 可见，在阅读技能这一维度中，参与语言入学准备幼儿的两项平均值都高于未参与语言入学准备幼儿。说明参与语言入学准备的幼儿在阅读技能方面相对未参与语言入学准备的幼儿有发展优势。在本课题组的语言入学准备研究中对前阅读进行了大量研究，设计了前阅读相关活动，创设了丰富的阅读环境，家园合作，给家长相应的专业指导，共同促进了幼儿阅读核心经验的发展，从而提高了幼儿的阅读技能。

6. 汉字理解对比分析

在学习品质评价表中，汉字理解这一维度有汉字结构意识、汉字部件识别、细微差异识别这四项具体内容，对参与语言入学准备幼儿与未参与语言入学准备幼儿进行分析后，具体内容如下：

根据独立样本 T 检验发现，P 值均为 0.000＜0.001，可以得出结论，本园毕业幼儿与非本园毕业幼儿在对"汉字结构意识"、"汉字部件识别"和"细微差异识别"这三项评价中有显著差异。

表 5-14 参与和未参与语言入学准备幼儿汉字理解情况表

| 本园幼儿与非本园幼儿 | | N | 均值 | 标准差 | 均值的标准误 |
|---|---|---|---|---|---|
| 汉字结构意识 | 本园幼儿 | 50 | 4.40 | .571 | .081 |
| | 非本园幼儿 | 50 | 3.86 | .756 | .107 |
| 汉字部件识别 | 本园幼儿 | 50 | 4.42 | .575 | .081 |
| | 非本园幼儿 | 50 | 3.88 | .718 | .102 |
| 细微差异识别 | 本园幼儿 | 50 | 4.28 | .671 | .095 |
| | 非本园幼儿 | 50 | 3.66 | .823 | .116 |

由表 5-14 可见，在汉字理解这一维度中，参与语言入学准备幼儿的两项平均值都高于未参与语言入学准备幼儿。说明参与语言入学准备的幼儿在汉字理解方面相对未参与语言入学准备的幼儿有发展优势。在本课题组的语言入学准备研究中对前识字进行了大量研究，设计了前识字相关活动，为幼儿感知汉字的组成和不同部件之间的差别，创设了丰富的环境，家园合作，结合大活动和主题开展让家长参与进来，共同促进了幼儿阅读核心经验的发展，从而提高了幼儿的汉字理解能力。

7. 书写技能对比分析

在学习品质评价表中，书写技能这一维度有汉字书写结构、笔顺、握笔与书写姿势、书面语言表达能力与流畅度这四项具体内容，对参与语言入学准备幼儿与未参与语言入学准备幼儿进行分析后，具体内容如下：

根据独立样本 T 检验发现，P 值均为 $0.000<0.001$，可以得出结论，本园毕业幼儿与非本园毕业幼儿在对"汉字书写结构""笔顺""握笔与书写姿势"和"书面语言表达能力与流畅度"这四项评价中有显著差异。

表 5-15 参与语言入学准备幼儿书写技能情况表

| 本园幼儿与非本园幼儿 | | N | 均值 | 标准差 | 均值的标准误 |
|---|---|---|---|---|---|
| 汉字书写结构 | 本园幼儿 | 50 | 4.24 | .822 | .116 |
| | 非本园幼儿 | 50 | 3.72 | .927 | .131 |

续 表

| 本园幼儿与非本园幼儿 | | N | 均值 | 标准差 | 均值的标准误 |
|---|---|---|---|---|---|
| 笔顺 | 本园幼儿 | 50 | 4.44 | .577 | .082 |
| | 非本园幼儿 | 50 | 4.06 | .818 | .116 |
| 握笔与书写姿势 | 本园幼儿 | 50 | 4.18 | .661 | .093 |
| | 非本园幼儿 | 50 | 3.98 | .915 | .129 |
| 书面语言表达能力与流畅度 | 本园幼儿 | 50 | 4.20 | .535 | .076 |
| | 非本园幼儿 | 50 | 3.56 | .733 | .104 |

由表 5-15 可见，在书写技能这一维度中，参与语言入学准备幼儿的两项平均值都高于未参与语言入学准备幼儿。说明参与语言入学准备的幼儿在书写技能方面相对未参与语言入学准备的幼儿有发展优势。在本课题组的语言入学准备研究中对前书写进行了大量研究，设计了前书写相关活动，创设了丰富的环境，让幼儿在一日生活中有充分的书写机会和书写材料，将书写作为一个方便生活的工具。同时家园合作，结合大活动和主题开展让家长参与进来，共同促进了幼儿前书写核心经验的发展，从而提高了幼儿的汉字理解能力。

**（二）关于一年级语文教师对幼儿语言入学准备情况的访谈分析**

课题组对小学语文教师关于一年级新生语言入学准备的情况进行了访谈，主要围绕几个方面展开：整体语言发展优势、书面语言表达能力、口头表达能力、倾听和理解能力、阅读习惯和能力以及纸笔互动能力等。具体的总结如下：

1. 整体语言发展优势

根据访谈结果显示，经过入学准备的幼儿在语言发展方面相比其他幼儿还是具有一定优势的。具体内容如下：

教师 A：大部分孩子在语言方面是存在一定的优势的，具体是表现在他们对语文学习充满了好奇与兴趣。在注意力方面，大部分孩子都能够注意力集中听老师讲课,在倾听习惯以及倾听质量方面都是较好的,就是绿色的。还有他的交谈能力、讲述能力、辩论能力也是较好的。还有他的阅读习惯方面,阅读兴趣以及他对阅读的理解,还有评判,还有对汉字的理解、书写技能这方面都较好。

例如,我提出三个要求,他是能清楚的做到,比如说一句话,谁在什么地方干什么,他是能完整地把一句句子说出来的,而且口齿表达比较清晰,句子说得也比较完整,也会加入一些自己的对句子的理解,然后词汇量比较丰富。

教师B:优势一定是有的,在我们班级就语文学科的学习方面来说,像这一部分的孩子他在课堂上主动表达的意愿还是比较强烈的,或者经常在课上会有一些看图片说一说句子、看图片来编一编认识拼音或者是认识汉字的口诀,这一方面他们是很愿意去开动脑筋。在语言发展方面他们挺愿意说,说的角度也会比较多,像编拼音口诀的时候,有的时候会从音的方面考虑来编,有的时候会从形的方面来考虑编。

2. 书面语言表达能力

根据访谈结果显示,经过语言入学准备的幼儿在书面语言表达能力方面表现得比其他幼儿具有更多的兴趣和能力。具体访谈内容如下:

教师C:因为我们现在笔头的作业还不是很多,到现在为止基本上是让小朋友们描红写汉字和写拼音。这些孩子首先对写字没有那种抗拒或排斥的感觉。

3. 口头表达能力

根据访谈结果显示,经过语言入学准备研究的幼儿在口头语言表达能力方面相较于其他幼儿具有一定的优势,能够清晰地表达自己的想法,在各种场合融洽地与其他小朋友进行交谈。具体内容如下:

教师A:这些孩子和同学相处都比较融洽,也很多同学都喜欢跟他们玩,然后课间也会帮老师做一些力所能及的事,比如说扫地,还有帮老师把作业搬到办公室,这些孩子语文、英语早读的时候表现得比较积极。

教师 B：他们非常愿意说，而且角度很多，我们班级小朋友很有去交流的欲望，而且会想出不同的方法。比如说有一天我们早晨有一个同学他没有带老师要交的一张表格，那么很多同学就在那里叽叽喳喳出主意，因为这个孩子很急，他急哭了，有的孩子就说可以打电话叫妈妈帮你送，也有说你明天可以带，也有说你等会跟老师说一说就好了。虽然只是简单的班级生活中的一件小事，我也可以感觉到他们能够想的角度还是蛮多。

教师 C：首先这些小朋友都是很愿意去表达的，平时我们的一些班会课或者一些其他各种形式的课堂，在这些课堂中孩子们是很愿意去分享，很愿意去说的，他们分享的热情和积极性还是很高的。同时他们在分享的时候表达的条理还是可以的。

4. 倾听能力和理解能力

根据访谈结果显示，经过语言入学准备的幼儿在倾听和理解方面表现较好，能够完整地听清楚教师的要求和问题，然后去正确的实施。具体内容如下：

教师 A：整体来看倾听和理解能力还是比较好的，尤其是在老师讲完要求之后，他们大多数都能够复述出老师提的问题，并且能够根据老师的问题去分析老师想要问什么。

教师 B：他们倾听的能力还是可以的。在课堂上，比方说老师的指令下去，大部分的同学都是能听清楚老师的要求的，并且能按照老师的要求去做，这个也是现在感觉比较明显的一个方面。

教师 D：倾听能力不错，就是能够把老师的要求能都听进去。老师讲一个要求，他们是能完全理解了之后能去实施的。比如说我说把练习册翻到第几页，把手指在第二大题，把那个课题读出来，并完成下面的题目。有些孩子在下面，他会问我老师是翻到第几页，或者说我们现在还是要干什么？这些孩子的倾听能力会比其他孩子要好一些，他们能一次性全部听完整，然后再做出自己的行动，整体上倾听能力和理解能力都是比较好的。

5. 阅读习惯和能力

根据访谈结果显示,经过语言入学准备的幼儿,阅读习惯很好,对阅读的兴趣表现出来比其他幼儿大,同时在阅读的过程中也表现出比较有优势的阅读理解能力。具体内容如下:

教师 D:在阅读的时候能够结合图片,包括上下文的关系去理解句子的意思,也能通过猜猜的方法去理解这句话的含义,不用每一个字都认识。他们在其他方面,比如说阅读的主动性和积极性还是比较高的,因为现在升入一年级之后能够看得出来,他们大部分孩子阅读量还是比较广泛的,而且阅读的范围也比较大,他们阅读的科目从他们跟老师交流当中可以看到,更多偏向于童话类的,也有孩子现在已经开始去阅读一些这种适合他们的儿童版本的历史类的这样的一些绘本,包括这样的一些书籍,整体来说他们的积极性和主动性还是比较高的,也愿意和大家去分享他们的阅读感受。

教师 E:阅读的时候,他们对于阅读的兴趣还是很高的,像小朋友带来的书也是很愿意跟别人分享的,然后别人带的书他们也是很愿意去看。

6. 纸笔互动能力

根据访谈结果显示,经过语言入学准备的幼儿在纸笔互动的过程中表现出更强的对正确书写和书写规则的理解。具体内容如下:

教师 A:他们能够观察课堂上面的示范,能够有一定的规则意识,能够将汉字进行合理的书写,比如说在田字格中的位置,以及对字的间架结构能够进行分析。整体感觉孩子们能理解纸笔互动时的一些规则和要求。

教师 B:这个还是不错的,就可以看出来很多孩子在学前如果是动过笔写字的话,他们还是愿意去写的,并且对于老师在田字格中的示范还是很能去关注到的,但是握笔姿势和写字姿势可能还是要老师去提醒去纠正一下。

教师 C：他们书写的正确率，或者是大部分孩子的笔顺还是没有问题的。有少部分孩子可能在写字的时候，他会出现笔顺交叉的情况，比如个别孩子会出现先写竖，再写横等这种情况。在工整和规范性方面要更强一些，可能也跟他们之前练习有关系。

综上所述，本课题研究背景下的幼儿，在参与语言入学准备后，进入小学明显与其他幼儿园没有参加语言入学准备的幼儿在语言发展方面有所不同，据小学教师的访谈，说明这些幼儿在整体语言发展、书面语言表达能力、口头表达能力、倾听和理解能力、阅读习惯和能力以及纸笔互动能力这六个方面都相对来说在班级中占有优势。

### 三、幼儿园语言入学准备的未来：从幼儿园到家庭

可以说，儿童的语言水平和语言学习品质水平的提升，直接改变了我园幼儿语言入学准备的成绩，充分展示了基于语言发展核心经验提升儿童语言能力的重要价值。除此之外，在具体实施和开展策略的过程中，我们的教师和园所也得到了进一步的提升。

**（一）教师专业得到发展**

课题研究与实践的过程中，我园教师的专业能力也在不断发展与提升，教师专业发展得到了极大的发展。

1. 教师理论水平与学科领域知识储备更为提升和丰富

以《学前儿童语言学习与发展核心经验》和《3—6岁儿童学习与发展指南》为学习纲领，我园围绕课题开展了系统的大、小专题教研，结合幼儿的年龄特点和发展需求，帮助教师深化与理解语言核心经验概念与内涵，梳理各类型语言活动的学习与发展目标、核心经验、教学策略方法的要点等，提升教师核心经验的意识以及对幼儿语言领域教学知识的储备，为教育实践与课题开展提供理论依据。

## 2. 教师观察幼儿与环境创设的水平得到锻炼和提高

同时,我园教师观察、捕捉、识别与支持幼儿的能力也在不断得到锻炼和提高。在理论的基础上,教师结合对班级幼儿的一日观察、探讨与实践结合班级幼儿年龄特点和兴趣需要创设利于幼儿语言入学准备的环境和学习机会,帮助班级不同发展水平的幼儿都能获得相应的经验。

## 3. 教师教学能力与反思能力不断磨炼和提升

除此之外,教师的教学能力与教学经验也在不断丰富。课题研究的过程中,我园开展了语言领域的评教课和教学节活动。教师们在语言活动的设计与实施上都收获了很多。通过自评、互评、园评,教师对各类语言活动的核心经验都有了更准的把握,在活动的目标与环节制定上也有一定的思考,能够结合年龄特点,选取适当的活动内容,根据重难点制定恰当的活动目标。活动切实提高了教师教学设计与活动实施的有效性。

## 4. 教师科研能力与质量稳步向前

随着课题深入开展,我园教师在各项科研评比中成果丰硕,科研能力再上新高。以幼儿园的市级课题为龙头课题,教师个人子课题全面铺开,在园级、区级各类型的课题中,申报成功率和获奖率名列前茅,2017—2019年,在市级课题的引领下,我园教师园级小课题立项5篇,优秀3篇;区级小课题立项共14篇,一等奖4篇,二等奖2篇,三等奖5篇;区级大课题立项共4篇,优秀1篇,即将结题3篇。

表 5-16　课题开展期间我园教师子课题立项及获奖情况

| 课题类别 | 课 题 名 称 | 立项及获奖情况 |
| --- | --- | --- |
| 区级大课题 | 开展绘本深度阅读,促进中班幼儿前阅读核心经验发展的实践研究 | 优秀 |
| 区级大课题 | 多途径培养中班幼儿前书写能力的实践研究 | 立项 |
| 区级大课题 | 三种家庭背景下的小班幼儿"前识字"特点及成因的研究 | 立项 |
| 区级大课题 | 不同阅读介质对大班幼儿前阅读活动影响的实验研究 | 立项 |

续　表

| 课题类别 | 课题名称 | 立项及获奖情况 |
| --- | --- | --- |
| 区级小课题 | 借助思维导图促进中班幼儿说明性讲述能力发展的实践研究 | 一等奖 |
| 区级小课题 | 通过凭借物提高大班幼儿说明性讲述能力的实践研究 | 一等奖 |
| 区级小课题 | 运用故事类图画书提升中班幼儿叙事性讲述能力的实践研究 | 一等奖 |
| 区级小课题 | 幼小衔接背景下大班幼儿"前识字"活动的实践研究 | 一等奖 |
| 区级小课题 | 借助谈话活动促进小班幼儿倾听能力发展的实践研究 | 二等奖 |
| 区级小课题 | 运用多种途径，提升大班幼儿前书写能力的实践研究 | 二等奖 |
| 区级小课题 | 运用多种途径促进大班幼儿故事创编能力的实践研究 | 三等奖 |
| 区级小课题 | 中班说明性讲述活动中师幼互动行为研究 | 三等奖 |
| 区级小课题 | 大班辩论活动组织策略的实践研究 | 三等奖 |
| 区级小课题 | 幼儿园中班图书角环境创设对幼儿前阅读能力发展的影响研究 | 三等奖 |
| 区级小课题 | 通过思维导图提升大班幼儿绘本理解能力的实践研究 | 三等奖 |
| 区级小课题 | 通过多元化的阅读环境培养中班幼儿阅读能力的实践研究 | 合格 |
| 区级小课题 | 以绘图讲述方式促进中班幼儿诗歌仿编经验的发展与探究 | 合格 |
| 区级小课题 | 幼小衔接背景下大班幼儿前书写方式的案例研究 | 合格 |
| 园级小课题 | 小班阅读区环境创设的实践研究 | 优秀 |
| 园级小课题 | 通过个别化学习促进大班幼儿前识字核心经验发展的实践研究 | 优秀 |
| 园级小课题 | 家园合作，发展中班幼儿阅读能力的实践研究 | 优秀 |
| 园级小课题 | 大班图书角创设与利用的实践研究 | 合格 |
| 园级小课题 | 大班个别化学习活动中前书写运用的实践研究——以"我是中国人"主题为例 | 合格 |

**(二) 幼儿园教科研水平逐步提升**

1. 以科研促教学,积累了丰富的语言领域课程经验

在课题实践的过程中,幼儿园以市级课题项目开展为引领,在专题教研落实理论学习和实践研讨,在日常教育教学中落实实践探究和跟进,在研究过程中重视梳理与提升,积累了丰富的语言领域教研资料、课程资料和实践经验,如各领域语言活动的课例集、案例集、环境创设的经验策略等。

2. 以科研促引领,提升了园所的辐射和引领作用

基于在课题研究过程中形成的丰富课程经验和活动内容,幼儿园多次在不同级别、不同层面进行开放和交流活动,其中全国及市级开放语言活动 7 节次;区级开放语言活动 6 节次,环境创设交流开放 11 次,大大提升了园所在不同层面辐射和引领作用。

3. 以科研促发展,提升了园所各条线工作的成效

在市级课题的引领下,园所其他各条线工作也更加针对问题、落到实处。其中因为课题关注语言入学准备,因此园所更加重视科学地做好幼小衔接工作,一方面不断针对幼儿发展和幼小衔接的实际需求丰富幼儿园幼小衔接课程的内容;一方面也积极参与区域中的幼小衔接项目试点工作,不断深入幼小衔接工作的探究和实践。

此外,课题注重家园合作和家庭教育指导,致力于通过家长学校、家长沙龙、家长工作坊等活动帮助家长树立正确的教育观念和语言入学准备意识、梳理具有操作性和实践性的方法策略等。基于对家庭教育指导的重视,我园在课题研究的过程中也被评为了上海市家庭教育示范校和闵行区家庭教育指导基地。

**(三) 研究中存在的不足**

1. 对家庭语言入学准备状况关注不足

本课题组主要从实践的角度出发,重点关注幼儿语言入学准备的状

况和评价，以及学校语言入学准备环境的质量评估，突破了已有研究重现状轻干预的问题。但也比较缺少对家庭语言环境和家庭语言入学准备状况的评价研究。虽然在实践中，有针对家长的指导和家庭语言环境的支持策略，但不作为课题实施的重点。从生态学理论的视角来说，综合对家庭入学准备状况与学校入学准备状况评价研究也是今后研究的新方向之一。

2. 幼儿语言入学准备评价指标操作性有待优化

基于国内外现有研究评估儿童入学准备的方法无法全面系统地考察儿童的语言入学准备水平的现状，本研究立足学前儿童语言学习与发展的核心经验角度，形成了学前儿童语言发展核心经验框架，来评价幼儿语言入学准备水平。但评价指标在分值化上还不够明确，工具化不强，还有待进一步的修改和优化，以增强操作性。

语言是交流与沟通的工具，语言能力更是幼儿学科学习的核心能力，做好语言入学准备，对幼儿在小学阶段的各学科都有积极作用。幼儿园作为与小学相衔接的教育阶段，园所的软、硬件支持、教师的专业素养、教育环境的创设等因素对幼儿入学准备的状态，和成长、发展都有着密不可分且至关重要的意义，在接下来的工作中，幼儿园语言入学准备的相关研究还有待进一步的实践和深化。

# 参考文献

## 中文部分

［1］周兢.学前儿童语言学习与发展核心经验[M].南京：南京师范大学出版社，2014.

［2］周兢.关注《指南》背景下的幼儿园语言教育[J].幼儿教育，2013(5)：20-22.

［3］周兢.幼儿园语言教育活动设计与组织[M].北京：人民教育出版社，1996.

［4］周兢.论早期阅读教育的几个基本理论问题——兼谈当前国际早期阅读教育的走向[J].学前教育研究，2005(01)：20-23.

［5］刘焱.入学准备在美国：不仅仅是入学准备[J].比较教育研究，2006(11)：28-32.

［6］王声平.幼儿语言入学准备的现状研究[D].重庆：西南大学.2011

［7］陈帼眉.幼儿入学准备教育[J].学前教育研究，1997(05)：3-5.

［8］中华人民共和国教育部.幼儿园教育指导纲要(试行)[M].北京：北京师范大学出版社.2001.

［9］朱智贤.儿童心理学[M].北京：人民教育出版社，1993.

［10］盖笑松，张向葵.儿童入学准备状态的理论模型与干预途径[J].心理科学进展，2005(05)：614-622.

［11］杨晓萍，李子建，陈楷红，崔晶盈.幼儿园与小学语文课程衔接的研究[J].学前教育研究，2004(09)：42-44.

［12］李季湄，肖湘宁.幼儿园教育[M].北京：北京师范大学出版社，1997.

［13］刘焱，秦金亮，潘月娟，石晓波.学前一年幼儿入学语言准备的城乡比较研究[J].教育学报，2012,8(05)：90-97.

［14］宋秋英.20世纪90年代以来美国学前读写教育改革动向之管窥——基于对"开端计划"改进措施的分析[J].外国教育研究，2010,37(06)：49-53.

[15] 钱志亮,丁攀攀.《儿童入学成熟水平诊断量表》的研制[J].学前教育研究,2010(02):41-45,51.
[16] 于涛,邰宇,盖笑松.儿童入学准备的评估与促进[J].心理科学进展,2010,18(01):46-54.
[17] 陈敏倩,冯晓霞,肖树娟,苍翠.不同社会经济地位家庭儿童的入学语言准备状况比较[J].学前教育研究,2009(04):3-8,18.
[18] 孙蕾,吕正欣.环境与儿童入学准备:国外儿童入学准备教育实践的生态化取向及其启示[J].外国教育研究,2007(05):77-80.
[19] 闫蔚.美国学前教育改革的新动向——入学准备研究[J].学前教育研究,2005(Z1):104-107.
[20] 湘音.幼儿入学前的读写准备[J].早期教育,1998(01):35.
[21] 刘宝琳.幼儿园大班入学准备工作浅谈[J].学前教育研究,1995(05):32-33.
[22] 史瑾,王瑜珂.幼儿入学语言准备现状及其影响因素研究——以北京市为例[J].上海教育科研,2018(07):66,84-87.
[23] 王艳艳.学前一年幼儿入学语言准备的差异分析——以新乡市六所幼儿园为例[J].重庆第二师范学院学报,2016,29(05):117-120,125,176.
[24] 周卫华,吴芳.国内儿童语用发展研究述评[J].华中学术,2015(02):212-221.
[25] 邹敏,夏菡,王中会.城市幼儿与流动幼儿入学语言准备的比较研究[J].湖南师范大学教育科学学报,2015,14(03):89-94.
[26] 杨翠美.皖北农村学前留守儿童入学准备状况研究[J].淮北师范大学学报(哲学社会科学版),2015,36(01):6-10.
[27] 张杏如.多元阅读的世界[J].早期教育,2002(07):4-5.
[28] 黄娟娟.语言活动中积极有效师幼互动范型构建的研究[J].全球教育展望,2012,41(03):32-38.
[29] 周兢,刘宝根.汉语儿童从图像到文字的早期阅读与读写发展过程:来自早期阅读眼动及相关研究的初步证据[J].中国特殊教育,2010(12):64-71.
[30] 李林慧.学前儿童图画故事书阅读理解发展研究[D].上海:华东师范大学,2011.

**英文部分**

[1] Kagan S L, Moore E K, Bredekamp S. Reconsidering children's early development and learning: Toward common views and vocabulary [M].

National Education Goals Panel, 1995.

［2］Scarborough H S, Neuman S, Dickinson D. Connecting early language and literacy to later reading (dis) abilities: Evidence, theory, and practice [J]. Approaching difficulties in literacy development: Assessment, pedagogy and programmes, 2009,10: 23 - 38.

［3］National Governors Association. NGA Task Force on School Readiness: A discussion framework [J]. Online: www. nga. org/cda/files/1102School Readiness. pdf, 2002.

［4］Emig C. School Readiness: Helping Communities Get Children Ready for School and Schools Ready for Children. Child Trends Research Brief [J]. 2001,1 - 8.

［5］Mol S E, Bus A G. To read or not to read: a meta-analysis of print exposure from infancy to early adulthood [J]. Psychological bulletin, 2011, 137(2): 267.

［6］Janus M, Duku E. The school entry gap: Socioeconomic, family, and health factors associated with children's school readiness to learn [J]. Early education and development, 2007,18(3): 375 - 403.

［7］Shepard, L. A. , Kagan, S. L. , & Wurtz, E. (Eds. ). Principles and recommendations for early childhood assessments [M]. Washington, DC: National Education Goals Panel, 1998.

［8］Gredler G R. Early childhood education-assessment and intervention: What the future holds [J]. Psychology in the Schools, 2000,37(1): 73 - 79.

# 附　录

**附录一：小学教师关于语言入学准备观念的访谈提纲**

1. 当前语文学科或是日常学习中，刚从幼儿园升入小学的孩子表现如何？哪些方面表现较好？哪些方面的经验或能力比较不足？

2. 您认为幼儿在幼升小过程中需要怎样的语言入学准备？您觉得哪一方面是最重要的？

3. 针对以上说到的重要入学经验准备，您觉得幼儿园可以怎么做？家长可以怎么做？

## 附录二：幼儿语言入学准备评价表

学校_____班级_____姓名_____性别_____得分_____

指导语：请结合孩子在课堂、日常及作业中的表现，在相应等级上打勾。

| 语言入学准备维度 | 具体内容 | 很差 | 较差 | 一般 | 较好 | 很好 |
| --- | --- | --- | --- | --- | --- | --- |
| 好奇心与兴趣 | 1. 对语文学习表现出好奇 | 1分 | 2分 | 3分 | 4分 | 5分 |
|  | 2. 对语文学习表现出持续的兴趣 | 1分 | 2分 | 3分 | 4分 | 5分 |
| 注意力 | 3. 刚开始时注意力集中 | 1分 | 2分 | 3分 | 4分 | 5分 |
|  | 4. 能较长时间注意力集中 | 1分 | 2分 | 3分 | 4分 | 5分 |
| 倾听能力 | 5. 倾听习惯 | 1分 | 2分 | 3分 | 4分 | 5分 |
|  | 6. 倾听质量 | 1分 | 2分 | 3分 | 4分 | 5分 |
| 口头表达 | 7. 交谈能力 | 1分 | 2分 | 3分 | 4分 | 5分 |
|  | 8. 讲述能力 | 1分 | 2分 | 3分 | 4分 | 5分 |
|  | 9. 辩论能力 | 1分 | 2分 | 3分 | 4分 | 5分 |
| 阅读技能 | 10. 阅读习惯 | 1分 | 2分 | 3分 | 4分 | 5分 |
|  | 11. 阅读兴趣 | 1分 | 2分 | 3分 | 4分 | 5分 |
|  | 12. 阅读策略 | 1分 | 2分 | 3分 | 4分 | 5分 |
|  | 13. 阅读理解与评判 | 1分 | 2分 | 3分 | 4分 | 5分 |
| 汉字理解 | 14. 汉字结构意识 | 1分 | 2分 | 3分 | 4分 | 5分 |
|  | 15. 汉字部件识别 | 1分 | 2分 | 3分 | 4分 | 5分 |
|  | 16. 细微差异识别 | 1分 | 2分 | 3分 | 4分 | 5分 |
| 书写技能 | 17. 汉字书写结构 | 1分 | 2分 | 3分 | 4分 | 5分 |
|  | 18. 笔顺 | 1分 | 2分 | 3分 | 4分 | 5分 |
|  | 19. 握笔与书写姿势 | 1分 | 2分 | 3分 | 4分 | 5分 |
|  | 20. 书面语言表达能力与流畅度 | 1分 | 2分 | 3分 | 4分 | 5分 |

## 附录三：小学一年级语文教师对幼儿语言入学准备评价的访谈提纲

一、您认为我园毕业的一年级新生在语言发展方面是否存在优势，具体体现在？举例。

二、从日常作业和绿色评价中能够看出学生在书面语言表达能力方面现状如何，有些什么特点？

三、通过日常课堂表现、社团活动、同学交往等，能够看出学生在口头表达能力方面现状如何，有些什么特点？

四、倾听能力和理解能力表现如何？

五、阅读习惯的情况如何？

六、在进入正式学校教育后，学生的纸笔互动，对汉字的正确书写、理解书写规则的情况如何？